この子らしさを活かす
支援ツール3

小倉　靖範　監修

愛知教育大学附属特別支援学校　編著

監修者序

　2003（平成15）年に文部科学省より「今後の特別支援教育の在り方（最終報告）」が示されてから20年がたちました。また、2012（平成24）年、中央教育審議会が、「共生社会の形成に向けたインクルーシブ教育システム構築のための特別支援教育の推進（報告）」をとりまとめたことを契機に、基礎的環境整備や合理的配慮といった考え方が、教育現場にも浸透し、障害のある子どもたちを取り巻く環境も大きく変わってきました。そして、近年は、GIGAスクール構想のもと、一人一台端末の時代が到来し、個別最適な学びと協働的な学びの両立を目指した「令和の日本型学校教育」への模索が続いています。

　そのような中にあって、愛知教育大学附属特別支援学校（以下、本校とします）では、1967（昭和42）年6月の開校以来、「一人一人を生かす」という教育理念を大切にしながら、変化する時代に合わせて教育研究活動に取り組んできました。本書は、インクルーシブ教育システムの構築が求められた2012（平成24）年に刊行された『この子らしさを活かす支援ツール－子どもの豊かな生活の実現をめざして－』、そして、その翌年に刊行された続編『この子らしさを活かす支援ツール2』から10年の間に作成された支援ツールを紹介するものです。紹介した支援ツールの中には、一人一台端末が実現したことで、既存のアプリなどに置き換えることができたり、作成が容易になったりしたものもあります。しかし、子どもが自分の力で活動できるよう、一人一人の子どもの特性や興味、関心などをとらえ、その子らしさを発揮できるような「マイ・支援ツール」になっていなければ、日々の生活や将来的な自立につながらないということは、時代を超えても変わりません。

　このような、開校以来、本校が大切にしてきた理念やこれまで刊行された支援ツール集の考え方を基盤に、2020（令和2）年度から「知的障害特別支援学校における児童生徒の授業への自立的・主体的な参加を促すための授業改善に関する実践的研究」を研究テーマに、大学教員と附属特別支援学校教員による共同研究を進めてきています。

　具体的には、「児童生徒が分かって動ける授業」（藤原義博、2012）を目指し、①物理的環境支援（物理的環境設定の工夫）、②補助的手段（支援ツールの活用）、③人的支援（教師の関わり等）、④多様な評価（自己評価・他者評価・相互評価）、⑤学習機会（活動・参加機会の増加と協働的な学びの設定等）を「授業づくりの5つの視点」としながら授業づくりを進め、改めて支援ツールの効果的な活用についても検討しています。

　しかしながら、研究も道半ばで、不備な点も多々あるかと思います。多くの方々のご指導を仰ぎながら更に実践を深め、一人一人の子どもの教育的ニーズと社会変化や時代の要請に対応した教育を実現することで、特別支援教育における「令和の日本型学校教育」を創造していきたいと思います。

　末筆になりましたが、本書の出版を快く引き受けてくださいましたジアース教育新社の加藤勝博社長、編集担当の市川千秋様には、衷心より感謝申し上げます。

令和5年11月

愛知教育大学特別支援教育講座准教授

兼任　愛知教育大学インクルーシブ教育推進センター長

小　倉　靖　範

はじめに

　本校では，子どもの豊かな生活の実現に向け，子ども一人一人を大切にし，子どものもつよさを見つめ，伸ばしていくために，子どものできることや好きなこと，興味があることをとらえ，日々教育実践に取り組んでいます。その中の一つに支援ツールの作成，活用があります。

　子どもは，取り巻くあらゆる人・もの・ことによってさまざまな姿を見せます。例えば，興味を示す色や形に加えてその大きさや肌触り，また，音の大きさや長さや高低によっても見せる姿は異なります。さらに，声をかけるタイミングや距離，位置，表情，言葉遣いから置かれた場所の人数やものの配置によってもその姿は異なるのです。本書名に「この子らしさを活かす」とあるのは，そんな一人一人の子どもの特性や興味，関心などをとらえ，その子のできることを生かし，その子ならではの支援ツールを用意していることを表しているとともに，子ども一人一人の様子をつぶさに見つめることの大切さに注目してほしいという私たちの願いが込められています。

　本書を手に取っていただいた皆様に，児童生徒一人一人のこの子らしさを活かした支援ツールを活用した本校の子どもたちが，明るく生き生きと学校生活を送っている姿を読み取っていただくとともに，支援ツール作成の参考になれば幸いに思います。

令和5年11月

愛知教育大学附属特別支援学校

校　長　鈴　木　則　明

第3章　子どもの学習を支える支援ツール

わたしの名前は「ピーコ」。
愛知教育大学附属特別支援学校（通称：ふとく）の
マスコットキャラクターなの。ふとくにたくさんい
るクジャクをモチーフにわたしが誕生したんだよ。
わたしがこの本を解説していくね。

愛知教育大学附属特別支援学校
マスコットキャラクター
『ピーコ』

第1章

「この子らしさ」から始まる
支援ツールづくり

I　こんなこと，ありませんか？

生活場面で

毎日同じことばっかり
言っているなぁ…

朝の準備がまだですよ。まずは，かばんから，
水筒を出してくださいね。次は，連絡帳ですよ。
早くやりますよ。

学習場面で

いつもぐちゃぐちゃに
塗ってしまうなぁ…

○○さん，色を分けて塗りますよ。

子どもたちへの支援を教師による声かけだけに頼ってしまうことはありませんか。
声かけだけに頼るのではなく，その子に合った支援ツールを用意することで，子ど
もたちは主体的・自立的に行動することができます。そのためには，まず，

「この子らしさ」をとらえる

ことが大切です。

「この子らしさ」
・タブレットが好きで，教師が画面を提示すると，注視できる。
・タップやフリックなどの操作をして，タブレットを使うことができる。
・写真を１枚ずつ提示した方が理解しやすい。

支援ツール例 ：『自分で順番通りに活動できるアプリ』(P.36参照)

自分で進めることができましたね。

やることがよく
わかっていますね。

「この子らしさ」
・パズルをすることを好む。
・活動の手順を一つずつカードに示したものを用意すると，やるべきことが理解
　しやすく，活動に取り組むことができる。

支援ツール例 ：『輪郭ごとに色を塗り分けることができる塗り絵の見本』(P.104 参照)

自分で塗り分けることができましたね。

長い時間，集中して
やることができましたね。

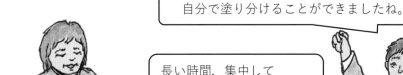

「この子らしさ」をもとに，その子に合った支援ツールを作成する
ことで，子どもたちの目標が達成されて，成長するんだよ！

でも，どうやって「この子らしさ」を見つけるの？

2 「この子らしさ」をとらえる教師の視点

　私たちが生活や学習の中の姿から，「この子らしさ」をとらえるためには，日常の様々な場面において，子どもたち一人一人をつぶさに観察する必要があります。「この子らしさ」をとらえることで，子どもたちに合った支援ツールが作成でき，子どもたちが主体的・自立的に活動することにつながります。
　「この子らしさ」をとらえるためには次のような教師の視点が必要です。

目線の動きや，動作の規則性など，ほんの小さな動きでも見逃さない

・絵をかくとき，どこからかき始めるか
・ものをつかむとき，どちらの手を使うか
・数えるとき，どのように数えるか
・ものを並べるときの規則性はあるか
・視線移動は上下が多いか，左右が多いか
　　　　　　　　　　　　　　　　　　等

好きなこと，得意なこと 夢中になっていることをとらえる

・好きなこと，得意なこと，夢中になることは何か
例：特定のキャラクターに反応する
　　パズル形式の活動だと集中して取り組む
　　ボールを使った運動が得意
　　人とかかわることが好き
　　好きな色がある　　　　　　　　等

「この子らしさ」をとらえる

その子の思いをとらえる

・行動から読み取ることができる「思い」は何か
例：高く積みたい，隙間なく並べたい，
　　きれいにしたい，効率よくやりたい，
　　時間内に活動を終えたい　　　等

子どもに働きかけ，到達度や達成度をとらえる

・何ができるか，わかっているか
・どこまでできるか
・人，もの，ことを変えるとどうか
・何を手がかりにしているか
例：教師をたよりに行動する
　　イラストで理解できる
　　手順表をたよりに行動する　　　等

3 「この子らしさ」をもとに支援ツールをつくる

　前述してきたように，一人一人の子どもの様子を教師がつぶさに見つめ，「この子らしさ」を十分にとらえた段階で，目標を設定し，その目標を達成するための支援ツールを作成していきます。

1)「この子らしさ」をとらえる　（P.10 参照）

2)「この子らしさ」を活かす

・　「使ってみたい」「やりたい」という思いを高める活動を取り入れる。
・　できていることを取り入れる。
・　扱いやすいツールを用意したり，環境を整えたりする。
・　「できた」「わかった」を実感できるようにする。

3)　子どもが自分でできるようになる

・　子どもができる経験を繰り返し積むことで，生活のスキルや学習の資質・能力が身につく。
・　子どもが自己効力感を感じ，意欲的に活動することができる。

　このように，「子どもらしさ」から，支援ツールを作成していくことで，子どもたちが主体的・自立的に活動できるようにしています。

　支援ツールの紹介ページは，この作成の手順ごとに色分けして紹介してあるよ。

第2章　子どもの生活を支える支援ツール＜スケジュール＞

時間割と活動場所を確認することができるスケジュールボード

この子らしさ

○ 給食室や運動場、遊戯室など、場所の写真を見ると、何をするかの見通しをもつことができます。
○ [たいいく]、[きゅうしょく]、[こくご]などの、教科名の平仮名を読むことができます。
○ 縦に並んだ手順表を使って、上から順に取り組むことができます。
○ 自分で操作することで、操作しているものに注目できます。

この子らしさを活かす工夫

自分でスケジュールを貼ることができるように、教科名や場所のカードの裏側にマグネットを貼りました。1日の予定が理解しやすいように、校時、教科名、授業を行う場所も、横に並べて貼ることができるように考えました。

【教科・教室のカードが貼れるボード】

使い方

教師が順番に渡した時間割のカードを、1校時から順に教科名、活動場所をスケジュールボードに貼っていきます。

自分でできたよ！

　朝、児童Aは、教師に「おそと、いついく。」と聞きました。教師が「一緒に確認しましょう。」と言うと、児童Aは、スケジュールボードの前に立ちました。教師が「1時間目は、ふようタイム（生活単元学習）です。」と言うと、児童Aは、スケジュールボードに[ふよう]と書かれたカードを貼りました。教師が教室のカードを渡すと、児童Aは、[ふよう]と書かれたカードの横に教室のカードを貼りました。同じようにカードを貼っていき、教師が「5時間目は体育です。」と言うと、児童Aは、[たいいく]と書かれたカードを貼り、指差しました。児童Aは、「おそと、きゅうしょくのあとで。」と言い、教師を見ました。教師が「そうですね。給食の後に、外へ行きましょう。」と言うと、児童Aは、にっこりしました。

作成のポイント

材料・・・看板スタンドボード、スチレンボード、教科名と写真を示した紙、マグネット、キャスター、木材、キャスター固定用の接着剤

子どもの身長でも操作しやすいように、身長よりも低めのスケジュールボードを使用しています。ボードは、マグネットに対応したものを使用しています。

スケジュールボードにキャスターが付いており、確認しやすい場所に移動できるようになっています。

～こんな工夫もできるよ～
大きさを変えて、A3サイズやA4サイズのボードにして机の横にかけておくのもいいね。持ち運びのために、両面にマグネットを付けておけば、終わって外したものを裏面に貼っておけそうだね。

4　支援ツール×指導の相乗効果

　　支援ツールを作成し，子どもに与えてもすぐに目標となる行動ができるわけではありません。子どもが支援ツールを使用している場面のみをつくるのではなく，その場面に指導を加え，支援ツールと指導の相乗効果によって成果が表れると考えます。

　　応用行動分析のＡＢＣ教育法では，先行刺激（Ａ）と行動（Ｂ）と後続刺激（Ｃ）の間で適切な関係があると，学習が進み，望ましい行動がより強化されていくとされています。

【適切な行動を生み出す先行刺激と後続刺激】

A：先行刺激
・視覚刺激
・見通しを示す刺激
・ルールを示す刺激
・情緒的混乱を引き起こさない刺激

支援ツールを提示する

例：活動の手順表を
　　提示する　　　等

B：行動
・言動・理解する
・思考する

子どもが行動する

例：子どもが手順に
　　沿って活動を行う
　　　　　　　　　等

C：後続刺激
・ほめる　・点数
・好きなことができる
・達成感

教師が称賛や評価をする

例：できたことを褒めたり，
　　よかったことを具体的
　　に評価したりする　等

B´：行動

子どもが再び行動する

例：繰り返し活動を行う
　　自分で活動に取り組む

（山本淳一.できる！をのばす行動と学習の支援.日本標準（2007）P.19, 26）
より引用し，一部を改変

　　教師は，子どもがツールを使用するのを見守り，ときには子どもと一緒に活動したり，子どものやる気を引き出したりします。また，子どもの行動から，何がよかったかを伝えたり，できるようになったことを認めたり，褒めたりすることで，目標となる行動がより強化されていきます。

5 どんな支援ツールがあるの？

藤原義博によると，支援ツールは，以下の四つに大別されます。

【支援ツールの役割と例】

	支援ツールの役割	ツールの例
環境	支援環境を整える協働ツール	サポートブック 使い方ノート 食事表
理解	自発を促す手がかりツール	スケジュール表 手順表
技能	実行を助ける手がかりツール	コミュニケーションツール 歯磨きタイマー
意欲	認め合う関係をつくる 交換記録ツール	作業日誌 がんばり表

（藤原義博「子どもの主体性を引き出すための授業改善」実践障害児教育470
（2012年8月号），8，学研教育出版）より引用し，一部を改変

本校では，「自分でできる」ようにするため，「自発を促す手がかりツール」
「実行を助ける手がかりツール」を大切にしています。

6 支援ツールを作成することの実践的意義

支援ツールを作成し，活動に取り組んでいくことで，子どもは，生活や学習
での目標を達成し，成長していくことができます。しかし，支援ツールを作成
することのよさは，それだけではありません。

「この子に合った支援ツール」をつくるためには，教師がつくったものを「子
どもがどう使っているのか」，「有効にはたらいているのか」，「最適なものなの
か」という視点で，活動する子どもの姿を見つめていく必要があります。そし
て，教師が支援ツールを子どもに最適なものにすべく試行錯誤していく過程
で，子どものことをより深く理解することができます。そのため，支援ツール
を考えることで，子どもも，教師も，ともに学ぶことができます。私たちは，
そこに，「みんなのための支援ツール」ではなく，「この子のための支援ツール」
であることの意義があると考えます。

次の章では，「生活」「学習」のそれぞれの場面に
分け，本校で作成した支援ツールを紹介するよ。

第2章

子どもの生活を支える
支援ツール

すべての荷物を
整理することができる
確認パズル

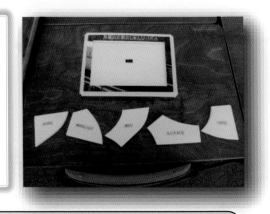

この子らしさ

○　一つずつ活動が提示されると，内容を理解し，その活動に取り組むことができます。

○　パズルに取り組むことを好みます。

○　電車の本を見ることを好みます。

この子らしさを活かす工夫

　　パズルのピースの裏面に持ち物の名前が書いてあります。持ち物を所定の位置に整理すると，パズルのピースをはめることができ，生徒Aの好きな電車の写真ができあがるようになって

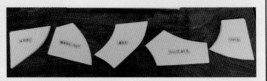

【整理する持ち物が書かれたパズルのピース】

います。一つずつ荷物を整理し，パズルができあがるのを見て，自らすべての荷物を整理することができるようになると考えました。

使い方

①　ピースに書かれた持ち物を所定の位置に整理します。

②　パズルのピースをはめます。

③　すべてのピースをはめると電車の写真ができあがります。

自分でできたよ！

　始業前，教室に入った生徒Aは，机上に置かれた裏返しのパズルのピースを見つめました。生徒Aは，一つのピースを手に取り，「歯ブラシ，コップ。」と読み上げ，リュックサックの中から歯ブラシとコップを出して，所定の場所に置きました。その後，生徒Aは，[歯ブラシ，コップ]と書かれたパズルのピースを手に取り，表に返し，枠にはめました。次に，生徒Aは，「次は，シューズ袋を片付けよう。」と言って，シューズ袋を所定の場所に掛

け，[シューズぶくろ]と書かれたピースを表に返し，枠にはめました。生徒Aは，すべての荷物整理を終え，最後のピースをはめると，「全部できました。」と教師に報告しました。教師が「すべての荷物を片付けられましたね。」と言うのを聞いた生徒Aは，笑顔になりました。

作成のポイント

材料…スチレンボード（A4サイズ2枚），ラベルシール，布ガムテープ，
　　　電車のイラスト（A4サイズ1枚）

電車のイラストをパズルにしたときにぴったりとはまるように，電車のイラストが貼られた1枚のスチレンボードのピースにする部分をくり抜き，枠の部分をもう1枚のスチレンボードに貼ります。

荷物整理をするものを確かめたり，一つ片付けたら一つのピースを手に取ったりできるように，ピースの裏に持ち物の名前が書かれたラベルシールを貼ります。

〜こんな工夫もできるよ〜
　パズルの写真をキャラクターにしたり，ピースの数を変えたりして，その子に合った確認パズルにするといいね。

決められた位置に
片付けることができる
CDケース

この子らしさ

○　動物のイラストをかくことを好み, かいたイラストを見て楽しみます。

○　図鑑の中から, 教師が言った動物が掲載されているページを探し当てることができます。

○　絵合わせパズルで2枚のカードを組み合わせて, 一つの絵を完成させることができます。

この子らしさを活かす工夫

　自分がかいた動物のイラストを上下二つに切り分け, 上半分をCDに, 下半分をケースに付け, CDをケースに片付けることで, 動物のイラストが完成するようになっています。自らCDをケースの決まった位置に片付けることができると考えました。

【完成したイラスト】

使い方

　CDと, CDケースにかかれたイラストを見て, 同じイラストがそろうように, CDをCDケースの中に入れます。

自分でできたよ！

　休み時間にCDデッキで音楽を聴いていた生徒Aは，教師が「あと5分で休み時間は終わりですよ。」と言ったのを聞いて，CDデッキを操作し，音楽を止めました。CDケースを持った生徒Aは，CDデッキからCDを取り出し，CDに貼られたサルのイラストをじっと見ました。次にCDケースを開き，サルのイラストの下半分が貼られたポケットを探しました。イラストが上下そろうポケットを見つけた生徒Aは，CDのイラスト部分がポケットのイラストと合うように，CDの向きを合わせてポケットに入れました。完成した動物のイラストを指差した教師が「いつもの位置に片付けられましたね。」と言うのを聞いた生徒Aは，「はい。」と言い，笑顔で次のCDを手に取り，イラストを見ました。

作成のポイント

材料・・・本人がかいたイラスト，シール用紙，CD，CDケース

　シールにした動物のイラストの上半分をCDに貼り付けます。

　残った動物のイラストの下半分を，CDケースのポケット部分に貼り付けます。

決められた場所に
荷物を入れることができる
ボックス

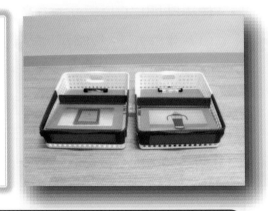

この子らしさ

○　自分の持ち物の写真を見て，同じものを手に取ることができます。

○　パーソナルカラーの赤色で囲まれた場所に注目することができます。

○『おかあさんといっしょ』や『いないいないばぁ』の番組の曲を聴くことを好みます。

この子らしさを活かす工夫

　実際に使っている水筒や連絡帳の写真をボードに貼り，パーソナルカラーの赤色で囲むことで，置く場所をわかりやすくしました。さらに，荷物を置くと，てこの原理でボタンが押される仕組みにし，児童Aが好む，『おかあさんといっしょ』や『いないいないばぁ』の番組の曲が流れるようにすることで，自分から置くことができると考えました。

【実際に使っている水筒の写真】

使い方

　登校後，水筒を決まった場所に出したり，連絡帳を決まった場所に置いたりすることができるように，それぞれの場所に設置しておきます。

自分でできたよ！

　登校後，児童Aが使っている水筒
と連絡帳の写真が付いた二つの片
付けボックスと，児童Aのかばんに
入っていた水筒と連絡帳を児童A
の目の前に教師が置くと，児童A
は，ボードに貼られた水筒の写真を
じっと見ました。続けて，児童Aは，
水筒を手に取り写真の上に置きま

した。ボックスから流れてくる『おかあさんといっしょ』の曲を聴いた児童A
は，にっこりしました。　続けて，児童Aは，ボックスに貼られた連絡帳の写
真を見て，連絡帳を手に取り，写真の上に置きました。ボックスから流れて
くる『いないいないばぁ』の曲を聴いた児童Aは，教師が拍手するのを見
て，一緒に手をたたき，にっこりしました。

作成のポイント

材料・・・トレイ型の籠，録音ボタン，ボード，布ガムテープ（赤色），
　　　　鉄製ネジ棒，ネジ止め（2個），入れるものの写真

　ボタン式録音再生機をトレイ型の籠の手前に固
定し，籠の中央にネジ棒を入れて両端をネジ止めで
固定します。

　実際に使っている写真を貼ったボードを，中央の
ネジ棒の下に敷いて布ガムテープで固定し，赤い枠
になるよう，さらに布ガムテープを貼ります。

～こんな工夫もできるよ～
　ボタン式録音再生機で，好きな音楽以外にも，子どもが喜ぶことば
を録音して，再生できるようにしてもいいね。

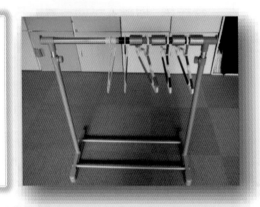

決められた位置に
掛けることができる
ハンガーラック

この子らしさ

○ パーソナルカラーの橙色で示されたところに, 荷物を置くことができます。

○ 複数ある色の中から, パーソナルカラーの橙色のものを選んで手に取ることができます。

○ フックにものを掛けることができます。

この子らしさを活かす工夫

　ハンガーラックとハンガーに, 橙色の布ガムテープが貼ってあります。これによって, 自分のパーソナルカラーを理解している児童Aは, 自分のハンガーを一人で取ることができるようになっています。また, ハンガーを掛ける場所が一目でわかり, 自分でハンガーラックに掛けることができるようになると考えました。

【橙色の布ガムテープを貼った
ハンガーとハンガーラック】

使い方

　色の付いたハンガーのフック部分を, ハンガーラックの同じ色の位置に掛けます。

自分でできたよ！

　登校後，教師が「着替えますよ。」と言うと，児童Aは，ハンガーラックに向かい，自分のハンガーを手に取りました。教師のところまで戻った児童Aは，ハンガーを教師に手渡しました。児童Aは，制服の上着を脱ぎ，教師から受け取ったハンガー

に，上着を掛けました。児童Aは，上着が掛かったハンガーの橙色の部分を持ち，ハンガーラックの橙色の布ガムテープが貼られたところを見つめ，そこにハンガーを掛けました。教師が「Aさん，自分でうまく掛けられましたね。」と言うと，児童Aは，にっこりして教師とハイタッチをしました。

作成のポイント

材料・・・ハンガー，ハンガーラック，布ガムテープ（橙色），ウレタン

　写真のように橙色の布ガムテープをハンガーに貼ります。ラックに掛けるときにも色が見えるように，ハンガーのフック部分にも布ガムテープを貼ります。

　橙色と橙色以外の色（クラスメイトがハンガーを掛ける位置）との境目がわかりやすいように，ハンガーラックに貼った布ガムテープの境目にウレタンを付けます。

服装ごとに着替えを
進めることができる
　　　　　カード

この子らしさ

○　手順表の数字を見て, 順番に作業をすることができます。

○　インデックスを見て, 自分で必要なことを調べることができます。

○　教師や友達の動きを見て, まねすることができます。

○　二つの写真やイラストを見て, 違いを見つけることができます。

この子らしさを活かす工夫

　カードには[体操服]や[作業服]など, 服装ごとにインデックスを付け, 自分でカードを引き出せるようにしました。また, それぞれのインデックスに数字を表示しておくことで, 着替える順番が自分でわかるように考えました。

【服装をインデックスで示したカード】

使い方

①　授業に合わせた服装の写真やイラストにしたカードを, 着替える順番ごとにまとめ, 壁に取り付けておきます。

②　カードを1枚ずつめくり, 1着ずつ自分で着替えを進めていきます。

自分でできたよ！

　登校した生徒Aは, 着替えを持って更衣室に入ると, ロッカーに貼り付けてあるカードを持ちました。生徒Aは, [体操服]と書かれたインデックスを右手でつまんで, カードの一番前に置き, 体操服を着た自分の写真の[①]ページを開きました。

カードに示された, 上着を脱いだ自分のイラストを見た生徒Aは, 上着を脱いで, ハンガーに掛けました。次に, カードを1枚めくり, [②]ページを開いた生徒Aは, スカートの下にハーフパンツを履いた自分のイラストを見て, ハーフパンツを履きました。その後, 生徒Aは, [③], [④]ページも同じようにして順に開き, そこに載っているイラストをまねして同じ服装に着替えました。教師が「自分で着替えることができましたね。」と言うと, 生徒Aは, 笑顔になりました。

作成のポイント

材料・・・必要な写真やイラスト, ラミネートフィルム, リング,
　　　　インデックス, スチレンボード, 磁石

　　見やすい角度で壁面に固定できるように, スチレンボードで三角柱をつくり, 背面に磁石を貼り付けます。

　　着替えの様子を写真やイラストで示すとき, 制服のスカートの下に体操服のハーフパンツを履いていることがわかるように, 色の濃度を変えます。

体操服を同じ大きさに たたむことができるボード

この子らしさ

○　かいてあるイラストを見て同じものをその上に置くことができます。

○　ものを片手で操作することができます。

○　教師の「1，2，3。」の声かけで，決まった三つの動きができます。

○　好きなキャラクターのシールを見て，そのシールを指先で触ることを好みます。

この子らしさを活かす工夫

　体操服のイラストがかかれた折り曲げられるボードの上に，持ち手の目印となる児童Aが好むシールが貼ってあります。教師の「1，2，3。」の声かけでボードを順に3回内側に折り曲げることで，体操服をたたむことができるように考えました。

【体操服のイラストが
　　かかれたボード】

使い方

　ボードのイラストの上に体操服を重ねて置き，ボードを左側，右側，中央下側の順で折り曲げ，ボードだけを戻して体操服をたたみます。

自分でできたよ！

教師が体操服のイラストがかかれたボードを置くと, 児童Aは, 体操服をイラストに重ねて置きました。教師が「1。」と言うと, 児童Aは, ボードの左側のキャラクターシールに左の親指を当ててボードをつかむと, 持ち上げて内側に折り

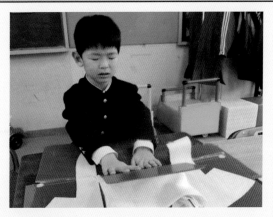

たたみ, ボードだけを戻しました。次に, 教師が「2。」と言うと, 児童Aは, 右側のキャラクターシールに右の親指を当ててボードをつかみ, 持ち上げて, 内側に折りたたみ, ボードだけを戻しました。最後に, 教師が「3。」と言うと, 児童Aは, 中央下のボードを両手で上に持ち上げ, 上向きに折りたたむと, ボードだけを戻しました。教師が「できましたね。」と言うと, 児童Aは, にっこりしました。

作成のポイント

材料・・・スチレンボード, PPテープ, 好きなキャラクターのシール, 体操服のイラスト

　折り曲がるように, ボードを六つに切り離した後, 表面だけを透明なPPテープで貼って, くっつけてあります。

　左右に貼るシールは, 親指を当てる場所なので, 丸型にしました。

等間隔に文字が書ける 文字幅調節バー

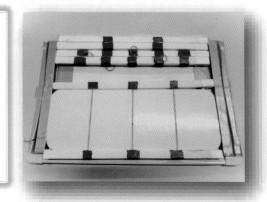

この子らしさ

○　同じ大きさで文字を書くことができます。

○　数唱ができます。

○　端と端をぴったり合わせたり，左右対称にしたりすることを好みます。

○　操作性のあるものを扱うことを好みます。

この子らしさを活かす工夫

　書く文字数に仕切られたバーを自分で選択して，カードの幅に均等に文字を書くことができるように考えました。バーを自分で操作することで，文字数を数えて合わせたくなり，時間割カードに文字を均等に書くことができるようになると考えました。

【文字の仕切りがゴムのバー】

使い方

①　書き写す単語の文字数を数えます。

②　土台のホワイトボードにカードを置き，①で数えた文字数のバーを選び，カードを挟むようにして置きます。

③　枠内に一文字ずつ文字を書きます。

自分でできたよ！

　朝の会の準備時間に，1日の予定を書こうと，一つ目の時間割カードをボードの上に置いた児童Aは，時間割表を見て，1時間目の[さんすう]の文字数を数え，「4もじ。」と言いました。続けて児童Aは，「4もじだから，これかな。」と言って，四つに仕切られたバーに手を伸ばすと，バーをカードの上下にぴったりはめて，左側の枠から[さ]，[ん]，[す]，[う]と書きました。枠を外して等間隔に書かれた文字を見た児童Aは，「できました。」と言いました。教師が「カードに同じ広さできれいに書けましたね。」と言うと，児童Aは，にっこりして次のカードをボードの上に置きました。

作成のポイント

材料···スチレンボード，ゴム，ホワイトボード，布ガムテープ，マグネット

　カードと同じ幅に切ったスチレンボードを2本用意し，文字数に合わせて切れ目を入れます。切れ目にゴムを挟んで，布ガムテープで固定します。

　文字を書いている間，枠がずれないように，枠の両端にマグネットを付けてホワイトボードに固定できるようにします。

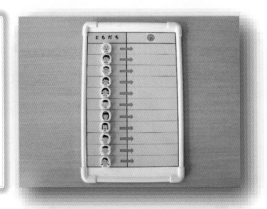

健康観察で全員に
　　声をかけることができる
　　　　　　　確認ボード

この子らしさ

○　友達の顔写真を見て，その友達の名前を言うことができます。

○　作業学習で手順表を使って上から順に作業を行うことができます。

○　作業を進めるとき，一つの工程が終わると，マグネットを動かして，次の
　工程に進むことができます。

○　作業の成果がわかることで，意欲的に活動に取り組むことができます。

この子らしさを活かす工夫

　学級の友達の全員のイラストがマグネットで付けられています。友達に健康観察で声をかけたら，顔写真を動かすことで，上に貼られた友達から順に全員に健康観察ができるようにしました。

【横に動かせる枠】

使い方

　声をかけたら，友達の顔写真付きマグネットを花丸マークの欄に移動させます。

自分でできたよ！

朝の会で, 司会の友達に「健康観察。Aさん, お願いします。」と言われた生徒Aは, 机の中から, 確認ボードを出しました。確認ボードを持った生徒Aは, 1番上に貼られた生徒Bの顔写真を見ると, 生徒Bのところに行きました。生徒A

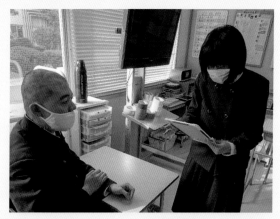

が, 「Bさん, 元気ですか。」と聞くと, 生徒Bは, 「はい。」と答えました。それを聞いた生徒Aは, 確認ボードの生徒Bの顔写真を, 花丸の枠に貼りました。続けて, 2番目に貼られた生徒Cの顔写真を見ると, 同様に生徒Cにも健康観察を行いました。その後も, 表に貼ってある順番に健康観察をし, 表の1番下に貼ってある友達の健康観察が終わり, 教師が「全員の健康観察ができましたね。」と言うと, 生徒Aは, 笑顔になりました。

作成のポイント

材料・・・ホワイトボード, スチレンボード, 顔写真, マグネット

マグネットを動かす場所がわかるように, 動かす場所を示す矢印をそれぞれの枠ごとに付け, 右の枠の上に花丸を付けます。

顔写真を貼ったスチレンボードを動かして貼れるように, 裏面にマグネットを貼ります。

<table>
<tr><td>

自ら号令を
かけることができる
録音ボタン

</td><td>

</td></tr>
</table>

この子らしさ

○　教師や友達に自らかかわることを好みます。

○　平仮名で書かれた短いことばを読むことができます。

○　文字に加えて写真やイラストがあると，その内容や状況をより理解する
　　ことができます。

○　ボタンを押して音が鳴るような教材を好みます。

この子らしさを活かす工夫

　ボタンを押して教師の声が音声として流れるVOCA（ボイスアウトプット
コミュニケーションエイド）を用意しました。複数のボタンの上に，それぞれの
音声のことばとイラストを提示しておくことで，音声内容を理解したり，日常
生活の場面とイラストの内容を結び付けたりできます。また，自らボタンを
押すことができ，教師や友達とかかわろうとするきっかけが生まれると考え
ました。

使い方

①　ボタンの上のイラストとことばを見て，教師や友達に伝えたいことばを
　　選びます。

②　ボタンを押して，音声を流します。

自分でできたよ！

　朝の会で, 教師が「今日の日直は, Aさんですね。」と言うと, 生徒Aは, 机の横に立てかけてある録音ボタンを取り出しました。[きりつ], [きをつけ], [おねがいします]のイラストとボタンをじっと見つめた生徒Aは, [きりつ]のボタンを押し,「起立。」と音声を流しました。クラスの友達が立ったのを見た生徒Aは, [きをつけ], [おねがいします]のボタンを続けて押しました。クラスの生徒は, ボタンの音声を聞いた後, 気を付けの姿勢になり,「お願いします。」と言いました。教師が「Aさんの号令で, みんなもあいさつすることができましたね。」と言うと, 生徒Aは, 笑顔になりました。

作成のポイント

材料…録音ボタン, イラストカード, スチレンボード, 面ファスナー, 接着剤

　ボタンが動かないように, カッター等で外枠を切り取ります。その後, もう1枚スチレンボードを下に重ね, 接着して厚みをつけます。

　各ボタンの上部に面ファスナーを貼り付けます。その後, 音声のことばとイラストが表示されたものを, 対応するボタンの上に貼り付けます。

～こんな工夫もできるよ～
　録音ボタンの音声内容を変えれば, 様々な場面で使えそうだね。例えば, 友達とゲームで遊ぶ場面で, [がんばれ], [やったね], [すごいね]などと設定すれば, 友達とかかわるきっかけができそうだね。

> # 号令をかけた後，
> ## 友達を待つことが
> ## できるボード

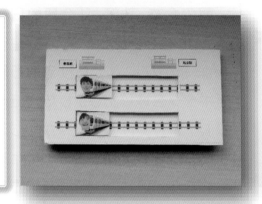

この子らしさ

○　朝の会で友達に聞こえる声で号令をかけることができます。

○　電車が好きで，電車を見て鉄道会社を当てることができます。

○　オセロをすると，どこに石を置くと一番多く相手の石を自分の石に変え
られるのか盤面の状況から判断することができます。

この子らしさを活かす工夫

　　上のスチレンボードの起立駅から着席駅までの線
路の部分を切り取り，2枚のボードを重ねて貼り付け
ます。切り取られたところに電車を置き，友達の動き
に合わせて電車をスライドさせることで，友達を待っ
た後，号令をかけることができると考えました。

【起立駅から着席駅まで
切り取ったスチレンボード】

使い方

①　着席駅に友達の顔写真が入った電車をそろえます。

②　「起立」の号令をかけた後，友達を見て起立していたら起立駅に電車を
動かします。

③　全員の電車が起立駅に着いたら「気をつけ，礼。」の号令をかけます。

自分でできたよ！

日直となった生徒Aは，朝の会で，「起立。」と号令をかけました。生徒Aは，友達を見た後，電車ボードの友達の電車を起立駅に移動させました。全員の電車が起立駅に着いたのを見た生徒Aは，「気をつけ，礼。」と言った後，「着席。」と声

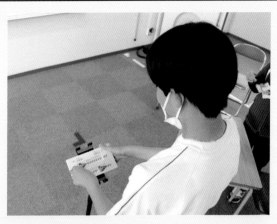

をかけました。友達が席に着いたのを見た後，友達の電車を着席駅に移動させ，次の内容に進みました。教師が「友達が座るのを待って，次の内容に進むことができましたね。」と言うと，生徒Aは，「はい。」と言って，にっこりしました。

作成のポイント

材料・・・スチレンボード，友達の顔写真，駅と線路の入ったイラスト

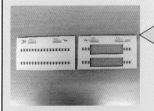

駅と線路の入ったイラストを貼ったスチレンボードを2枚準備します。1枚は線路の一部を切り取り，切り取っていないボードの上に重ねて貼ります。

友達の顔写真を付けた電車を準備します。切り取った線路の幅に合わせて電車を切り取ります。

~こんな工夫もできるよ~
電車をバスやスポーツカーなどの他の乗り物に変えると，その子に合った支援ツールになりそうだね。駅を増やすと，三つ，四つの動きがあっても応用できそうだね。

自分で順番通りに活動できるアプリ

この子らしさ

○　いつも行う活動であれば, 活動を表す写真を見て, その活動に取り組むことができます。

○　タブレットが好きで, 画面を注視できます。

○　タップやフリックなどの操作をして, タブレットを使うことができます。

この子らしさを活かす工夫

　　iPad に搭載されているプレゼンテーションアプリ「keynote」を使って, タップやフリックで操作できる手順表を作成しました。スライドごとに, いつも行う活動の写真が1枚ずつ提示され, 順番に活動に取り組むことができるようになると考えました。

【活動内容を表すスライド】

使い方

①　写真で示された活動を行います。

②　活動が終わったら, 画面をタップし, 次の手順に切り替えます。

自分でできたよ！

　朝の時間，教師が「Aさん，朝の準備をしましょう。」と言うと，児童Aは，「はい。」と言って，タブレットを手に取り，「keynote」のアプリを起動しました。児童Aは，一つ目のかばんと籠が写っている写真を見ると，かばんから荷物を取り出

し，籠に入れました。その後，児童Aは，画面をタップすると，二つ目のロッカーが写っている写真に注目し，かばんをロッカーにしまいました。教師が「Aさん，一人で準備ができましたね。」と言うと，児童Aは，にっこりしました。

作成のポイント

　材料・・・タブレット，プレゼンテーションアプリ「keynote」，
　　　　　朝の活動の写真

手順表に必要な活動の写真を撮影します。その後，「keynote」を起動します。

起動したら，ツールバーの[＋]ボタンから，[写真またはビデオ]を選択し，活動の写真を挿入し，スライドを作成していきます。

～こんな工夫もできるよ～
電子黒板や大型テレビに画面を映せば，クラス全体でも画面共有ができるよ。クラス全体に視覚支援ができるので，ぜひ試してみてね。

安心して式典に
参加できる進行確認ボード

この子らしさ

○　平仮名や見慣れた漢字を読むことができます。

○　文字に加えて写真やイラストがあると, より活動内容を理解できます。

○　終わりまでの見通しがあり, 順番に一つ一つ確認して行うことで安心して活動に参加することができます。

○　面ファスナーをはがす感触を好みます。

この子らしさを活かす工夫

　式典の次第が書かれたカードを, 教員の写真やイラストを加えてつくることで式典の流れを把握しやすくしました。面ファスナーを付け, 活動が終わるごとに取り外すことで, 進行の状況がわかるようにしました。

【式典の流れをカードにしたもの】

使い方

①　モノクロ印刷で式典の活動が順番に記載されている紙の上に, カラー印刷された式典の活動が一つ一つカードになっているものを順番に貼り付けます。

②　式典の活動が一つ終わるごとに, カードを外していきます。

自分でできたよ！

　終業式が始まる前, 生徒Aは, 教室で机に置かれた進行確認ボードを手に取りました。隣にいる教師が「①はじめのことば, ②通知表受け取りですね。」と式の流れを言うと, 生徒Aは, じっとボードを見つめました。終業式が始まり, 教頭先生がはじめのことば  を言い終わると, [①はじめのことば]のカードを取り外し, 椅子の左側に取り付けられた籠に, ピースを入れて笑顔になりました。続いて, 代表生徒が通知表を受け取り, 席に戻ってくると, [②通知表受け取り]のカードを取り外し, 椅子の左側に取り付けられた籠に, ピースを入れて笑顔になりました。終業式の間, 手に持ったボードを見つめて, 式の進行を何度も確認した生徒Aは, 式の最後まで, 椅子に座って式に参加しました。

作成のポイント

材料・・・スチレンボード, 面ファスナー, 布ガムテープ,
　　　　式典の順序を印刷したもの（カラー1枚, モノクロ1枚）

　式典の順序を印刷したものをラミネートします。カラー印刷のものを項目ごとに切り分けます。項目ごとに面ファスナーを貼り付けます。

　モノクロ印刷のものをスチレンボードに布ガムテープで貼り付けます。切り分けたカラー印刷のものを貼り付けます。

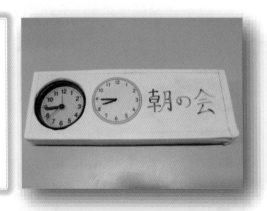

自分で次の活動を
始めることができる
開始時刻丸わかりボード

この子らしさ

○　時計を見て，現在の時刻がわかります。

○　日常生活でよく目にすることばであれば，文字を見て内容を理解することができます。

○　自分の予定を確認する際，時間割表が掲示してあるところまで行って確認することができます。

この子らしさを活かす工夫

　ホワイトボードシートの左側に実物の時計を埋め込み，その横に，針を書き込める時計のイラストを付けることで，次の活動を意識することができるように考えました。イラストの右側に活動内容を書いて手元に置くことで，活動内容を理解し，開始時刻に活動を始めることができるようになると考えました。

【時計の実物とイラストの部分】

使い方

①　次の活動の始まる時刻の長針と短針を時計のイラストにかきます。

②　活動の内容を時計のイラストの右側に書きます。

自分でできたよ！

　朝の会の後，教師が時計のイラストに8時55分を示す長針と短針と[そうじ]と書いたボードを机上に置くのを見た生徒Aは，ボードを手に取って，じっと見つめました。8時55分になると，生徒Aは，席から立ち上がり，雑巾を手に取り，水道で雑巾を洗い，窓拭き掃除を始めました。教師が「時間通りに掃除を始めることができましたね。」と言うと，生徒Aはうなずき，掃除を続けました。掃除が終わると，生徒Aは，ボードを手に取り，「消す。」と言いました。教師が「時間通りに掃除ができましたね。」と言うと，生徒Aは，笑顔になり，ボードに書かれた[そうじ]の文字と，時計のイラストに示された長針と短針を消しました。

作成のポイント

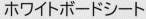
材料・・・時計，針なしの時計のイラスト，スチレンボード，
　　　　ホワイトボードシート

　　　　実物の時計が固定できるように，スチレンボードを時計の形に切り抜き，時計をはめた後，裏側に同じ大きさのスチレンボードを時計の厚みに応じて貼り付けます。

　　　　実物の時計とイラストの時計，次の活動内容を並べて見られるように，時計のイラストを貼ったマグネットシートをスチレンボードに貼り付けます。

～こんな工夫もできるよ～
　教室の時計の隣に活動内容と時計のイラストを貼っておけば，学級のみんなも次の活動に移るとき，時計を見て動けそうだね。デジタル時計や，タイマーに替えて活用することもできるよ。

時間割と活動場所を
確認することができる
スケジュールボード

この子らしさ

○ 給食室や運動場, 遊戯室など, 場所の写真を見ると, 何をするかの見通しをもつことができます。

○ ［たいいく］, ［きゅうしょく］, ［こくご］などの, 教科名の平仮名を読むことができます。

○ 縦に並んだ手順表を使って, 上から順に取り組むことができます。

○ 自分で操作することで, 操作しているものに注目できます。

この子らしさを活かす工夫

　自分でスケジュールを貼ることができるように, 教科名や場所のカードの裏側にマグネットを貼りました。1日の予定が理解しやすいように, 校時, 教科名, 授業を行う場所も, 横に並べて貼ることができるように考えました。

【教科・教室のカードが貼れるボード】

使い方

　教師が順番に渡した時間割のカードを, 1校時から順に教科名, 活動場所をスケジュールボードに貼っていきます。

自分でできたよ！

　朝，児童Aは，教師に「おそと，いついく。」と聞きました。教師が「一緒に確認しましょう。」と言うと，児童Aは，スケジュールボードの前に立ちました。教師が「1時間目は，ふようタイム（生活単元学習）です。」と言うと，児童Aは，スケジュールボードに[ふよう]と書かれたカー

ドを貼りました。教師が教室のカードを渡すと，児童Aは，[ふよう]と書かれたカードの横に教室のカードを貼りました。同じようにカードを貼っていき，教師が「5時間目は体育です。」と言うと，児童Aは，[たいいく]と書かれたカードを貼り，指差しました。児童Aは，「おそと，きゅうしょくのあとで。」と言い，教師を見ました。教師が「そうですね。給食の後に，外へ行きましょう。」と言うと，児童Aは，にっこりしました。

作成のポイント

材料・・・看板スタンドボード，スチレンボード，教科名と写真を示した紙，マグネット，キャスター，木材，キャスター固定用の接着剤

　子どもの身長でも操作しやすいように，身長よりも低めのスケジュールボードを使用しています。
　ボードは，マグネットに対応したものを使用しています。

　スケジュールボードにキャスターが付いており，確認しやすい場所に移動できるようになっています。

～こんな工夫もできるよ～
　大きさを変えて，A3サイズやA4サイズのボードにして机の横にかけておくのもいいね。持ち運びのために，両面にマグネットを付けておけば，終わって外したものを裏面に貼っておけそうだね。

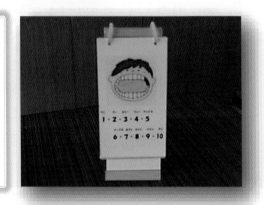

1か所ずつ10秒間
自分で歯を磨ける
　　　　手順カード

この子らしさ

- ○　全身のイラストの一部に色が付いているのを見て, 対応する自分の体の部位を指差すことができます。
- ○　具体的な手順が視覚的にわかることで, 一人で活動ができます。
- ○　英語が好きで, 1から10まで英語で数唱できます。
- ○　一つずつ手順を提示されることで, やるべき活動がわかり, その活動を自分で行うことができます。

この子らしさを活かす工夫

　磨く場所が赤く示されたそれぞれのイラストの下に, 1から10までの数字が書かれています。その数字の上に英語読みのルビを振ることで, 1から10まで数唱したくなるようにしました。また, 1枚ずつ手順を確認できるようにすることで, 順にすべての歯を10秒間ずつ磨くことができるようになると考えました。

ワン	ツー	スリー	フォー	ファイブ
1 ・	2 ・	3 ・	4 ・	5
シックス	セブン	エイト	ナイン	テン
6 ・	7 ・	8 ・	9 ・	10

【英語読みのルビが振られた数字】

使い方

- ①　イラストの赤くなっている部分の歯を磨きます。
- ②　10秒経過したらめくり, 次の部分を磨きます。

自分でできたよ！

　給食を食べ終えた生徒Aは, 歯磨きセットと手順カードを手に取り, 手洗い場に向かいました。手洗い場の上に手順カードを置き, 歯磨きの準備をした生徒Aは, 1枚目の手順カードを見ました。右上の歯に歯ブラシを当てた生徒Aは, 「ワン, ツー, スリー, …, テン。」と言って右上の歯を10秒間磨きました。手順カードをめくった生徒Aは, イラストで示された右下の歯に歯ブラシを当て, 再び「ワン, ツー, スリー, …, テン。」と言って, 右下の歯を10秒間磨きました。同様に, 手順カードをめくり, すべての歯を磨き終えた生徒Aは, うがいをして歯ブラシを洗いました。教師が「Aさん, しっかり磨けましたね。」と言うと, 生徒Aは, 「はい。」と言い, 笑顔で教室に戻りました。

作成のポイント

材料・・・歯磨きの場所を表すイラスト, ラミネートフィルム, モール,
　　　　スチレンボード

　めくりやすくなるように, カードよりもスチレンボードの横幅を1cm短くして台座を作成します。それぞれに2か所の穴をあけ, リング状にしたモールでまとめます。

　水場に置いたり, 濡れた手で使用したりすることができるように, カードをラミネートしておきます。

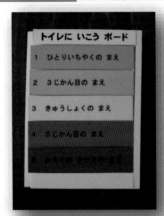

自分でトイレに行くタイミングがわかるボード

この子らしさ

○　活動全体の見通しがわかると安心し, 手順表に書かれている工程を自分で進めることができます。

○　操作性のある活動を行うことで, 集中して取り組むことができます。

○　好きなキャラクターのイラストを見ることを好みます。

この子らしさを活かす工夫

　1日の中で, トイレに行くタイミングが数字で順に示されており, 一目でわかるようになっています。終えた活動のプレートを裏返すと好きなキャラクターのイラストが表れるようにすることで, 自分でトイレに行くことができるようになると考えました。

【ボードの表面と裏面】

使い方

　トイレに行くタイミングを記したカードを, トイレに行くことができたら裏返していきます。

自分でできたよ！

　生徒Aは，登校すると，自分の荷物を入れる籠からイラストボードを取り出しました。トイレに行く5回のタイミングが書かれたプレートを一つずつ指で押さえた生徒Aは，いつトイレに行くかを自分で確認しました。着替えを終えた生徒Aは，再びイラストボードを取り出し，「1，一人一役（係活動）の前。」と言って，トイレに行きました。トイレから戻った生徒Aは，[1　ひとりいちやくのまえ]と書かれたプレートを取り外して，裏返しにしてはめました。次に，[2　3じかん目のまえ]のプレートを指差した生徒Aは，「次は3時間目の前。」と言いました。2時間目が終わると，生徒Aは，イラストボードを取り出しました。生徒Aは，イラストボードのプレートを指差し，「3時間目の前。」と言い，トイレに行きました。教師が「自分でトイレに行くことができましたね。」と言うと，生徒Aは，笑顔になりました。

作成のポイント

材料…スチレンボード，イラスト

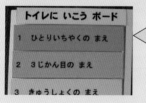

厚みのあるボードを使っており，プレートを枠の中にはめられるようになっています。

～こんな工夫もできるよ～
　プレートの内容を変えると，給食の配膳や清掃の時間など，様々な生活場面でも活用できるよ。工夫してみてね。

決められた時間まで
手を洗うことができる
音声装置

この子らしさ

○　自分の顔写真が貼ってあると, その付近で活動することができます。

○　5までの数を指で表すことができます。

○　教師が数えている間, 活動を続けることができます。

○　お気に入りのキャラクターの声を好みます。

この子らしさを活かす工夫

　自分のための装置であることがわかるように, 顔写真が貼ってあります。また, 手のイラストが貼ってあることで, 手をかざすことが理解できるようになっています。手をかざすと好きなキャラクターが数を数えることで, 一定時間手を洗うことができるようになると考えました。

【理解しやすくなるための
顔写真と手のイラスト】

使い方

①　手のひらのイラストの前に手をかざします。

②　「1, 2, 3, 4, 5。」という音声が流れる時間, 手を洗います。

自分でできたよ！

　トイレを済ませた児童Aは，教師が装置に手をかざして音声を流し，手を洗っている様子をじっと見ました。教師が手を洗い終えると，自分の手を装置にかざした児童Aは，「1。」という好きなキャラクターの音声が流れ始めると，すぐに水道の蛇口に両手を移動させました。好きなキャラクターの

音声で「2，3，4，5。」と数が読みあげられている間，児童Aは，手をこすり合わせることができました。児童Aがハンカチで手を拭いた後に，教師が「ピカピカになりましたね。」と言うと，児童Aは，「はい。」と言って，右手を上げてにっこりしました。

作成のポイント

材料···スチレンボード，手のひらのイラスト，顔写真，
　　　　人に反応して音声等を再生する装置（センサー音声案内装置）

　好きなキャラクターの声で音声が流れるように，キャラクターの声が流れる玩具を使って音声を録音します。

　手で直接触らなくてもいいように，光センサーの装置を使用します。

〜こんな工夫もできるよ〜
　手洗いだけではなく，歯磨きや掃除など，決められた時間を示すと
上手に動ける場面で活用してみてね。

終わりがわかり，
　次の手順に移ることができる
　　　　　　　手洗い表

この子らしさ

○　やることがことばとイラストで示されていると，自ら活動に取り組むことができます。

○　一つずつ上から順に工程に取り組むことができます。

○　休み時間に好きなキャラクターのイラストを見て楽しみます。

○　活動の区切りがわかると，すぐに次の活動に移ることができます。

この子らしさを活かす工夫

　手洗いの手順を，簡単なことばとイラストで表し，縦に並べてあります。手順を終えた後，裏返して好きなキャラクターが見られるようにすることで，一つ一つの動作を順に終わらせて，手洗いを確実に行えるようになると考えました。

【［おわり］と書かれたカード】

使い方

　手洗い表にある一つ一つの動作を終えた後，イラストを回転させます。

自分でできたよ！

　朝の掃除を終えて手洗い場に行った生徒Aは，手順表の1番上の[水でぬらす]と書かれたイラストを見ると，蛇口をひねって手を濡らしました。1番上のイラストを裏返し，[おわり]と書かれているのを見た生徒Aは，二つ目の[石けんをつける]と書かれたイラストを見て，手  に石けんを付けて泡立てました。二つ目のイラストを裏返した生徒Aは，続けて三つ目の[水でながす]と書かれたイラストを見て，水で泡を洗い流しました。三つ目のイラストも裏返し，1番下の[ハンカチでふく]と書かれたイラストを見た生徒Aは，ポケットからハンカチを出して手を拭き，イラストを裏返しました。教師が「自分で手洗いを進めることができましたね。」と言うと，生徒Aは，にっこりしました。

作成のポイント

材料・・・プラスチック段ボール，竹ひご，両面テープ，
　　　　手洗いの手順を表したイラスト，ラミネートフィルム

やることと終わりがわかるように，簡単なことばとイラストを載せた手順と，好きなキャラクターのイラストの上に[おわり]と書かれたカードをつくり，プラスチック段ボールの両面に貼ります。

できるだけ触れずに操作できるように，手順のカードがはまる枠をつくり，枠とカードの中央に竹ひごを刺して回転できるようにします。

活動量がわかる　草取り箱

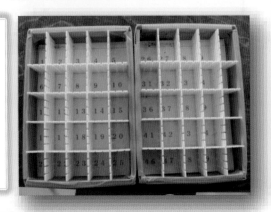

この子らしさ

○　左上から順にものを入れることができます。

○　活動の終わりがわかると, 安心して取り組むことができます。

○　数字を見て順番がわかり, 50まで数を数えることができます。

○　自分の活動の成果がわかると, より意欲的に活動に取り組むことができます。

この子らしさを活かす工夫

　箱を50に区切り, 升の底に左から順に数字を付けてあります。自分が抜いた草の量や, 後どれくらい抜けばよいかが視覚的にわかるようになっており, 自分で作業を進め, 完了できるようになると考えました。

【升の底に書かれた数字】

使い方

抜いた草を1本ずつ順番に入れます。

自分でできたよ！

　教師が「掃除の時間ですよ。」と言うと, 生徒Aは,「今日も草, 50本取ります。」と言って, 草取り箱を手に取り, 花壇に向かいました。生徒Aは, 箱を置くと, 草を数本抜き, 草取り箱の[1]の升から順番に「1, 2, …。」と数え, 抜いた草を対応する升の中に入れました。

　升に草を入れ終えた生徒Aは, 再び草を抜き, 升に抜いた草を入れました。すべての升が草で埋まったのを見た生徒Aは,「50。先生, 50本草を取りました。」と教師に言い, 50本の草が入った草取り箱を見せました。教師が「今日も50本, 取れましたね。」と言うと, 生徒Aは,「捨ててきます。」と言い, 草を集める袋に, 箱に入った草をすべて捨てました。

作成のポイント

材料・・・箱(木箱などの丈夫なもの), 数字が書かれた紙,
　　　　ラミネートフィルム, 仕切り板

　　抜いた草の数や残りの個数が視覚的にわかるように, 升の中に数字を書いてラミネートしたプリントを箱の底に貼ります。

　　抜いた草を一つずつ升に入れられるように, 数字が書かれた升に合わせて仕切り板を組み立てて, 箱の中に入れます。

廊下を隙間なく
　モップがけできる
　　　掃除ボード

この子らしさ

○　複数の色を認識しており, 色のマッチングができます。

○　横並びで作業内容が示された手順表を, 左端から順に取り組むことができます。

○　やることが書かれた短冊を, 活動を終えるたびに自分でホワイトボードに貼っていくことを好みます。

○　線に合わせて机を整頓することができます。

この子らしさを活かす工夫

　　モップのかけ始めとかけ終わりの位置に色布ガムテープを貼り, 掃除ボードの短冊と対応させます。モップをかけ終えるたびに, 短冊を外し, ボードの裏に貼り付けられるようすることで, 次にモップをかける

【実際の廊下と対応したボード】

ところがわかるようになっています。廊下に貼った布ガムテープをモップ幅にしておくことで, 布ガムテープにモップを合わせて, 廊下を隙間なく掃除できるように考えました。

使い方

①　ボードを見て, モップをかけ始める位置や進む方向を確認します。

②　かけ終えたら, 掃除ボードの短冊を一つ外し, 次にモップをかけるところを確認します。

自分でできたよ！

　掃除の時間になると, 生徒Aは, モップと掃除ボードを手にしました。そして, 生徒Aは, 「赤から始めよう。」と言って, 床に貼られた赤色の布ガムテープにモップを合わせ, 反対側の赤色の布ガムテープに向かってモップをかけ始めました。赤色の布ガムテープまでかけ終わると生徒Aは, 「よし。一つできたぞ。」と言い, 掃除ボードの赤矢印の短冊を外し, 裏に貼り付けました。同じようにして, 桃色,

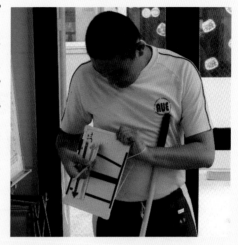

橙色, 黄色, 白色, 緑色までかけ終わり, すべての色矢印を掃除ボードの裏に貼り付けた生徒Aは, 「全部, できました。」と教師に報告しました。教師が「隙間なく, 上手にモップをかけましたね。」と言うと, 生徒Aは, 「はい。」と言って笑顔になり, モップと掃除ボードを片付けました。

作成のポイント

材料・・・ホワイトボード, マグネットシート, 矢印を書いた紙,
　　　　ラミネートフィルム, 廊下の写真, 布ガムテープ

　かけ始める位置にモップを置く向きがわかるように, 使用するモップに合わせた長さで布ガムテープを廊下に貼ります。

　矢印の短冊を操作できるように, 短冊と, ホワイトボードの裏側にマグネットを貼っておきます。

〜こんな工夫もできるよ〜
　廊下だけでなく, 机拭きや窓拭きにも活用できるよ。また, その子のわかることや, 好きなものに応じて, 番号や記号, 好きなキャラクターを両端に付けて対応させることもできるよ。

布巾を広げて
干すことができる
　　ハンガー

この子らしさ

○　洗濯ばさみをつまんで, ものを留めることができます。

○　パズルや型はめ, 色のマッチングが得意です。

○　休み時間には, 食べ物図鑑を開き, 自分の好きな果物や野菜, 料理の写真やイラストを見て過ごしています。

この子らしさを活かす工夫

　洗濯ばさみと布巾の両端に, 果物の一部に模したフェルトがそれぞれ付けられています。洗濯ばさみと布巾がパズルのようになっていることで果物の部分を合わせてつくりたくなり, 布巾を広げて洗濯ばさみで留めることができるようになると考えました。

使い方

　布巾に付けられたフェルトを探し, 果物が完成するように布巾に洗濯ばさみを差し込みます。

自分でできたよ！

　掃除の時間に，机を拭いた布巾を洗った児童Aは，ハンガーに付けられた洗濯ばさみに手を伸ばすと，手に持ったハンガーの左端に付けられた赤色のフェルトを見ました。続けて，児童Aは，布巾を見ると，赤色のフェルトの部分を持ち，洗濯ばさみを布巾の赤いフェルトの空いた部分に差し込み，リンゴを完成させ，布巾の左端  を留めました。同じように，橙色のフェルトの空いた部分に差し込み，ミカンを完成させ，布巾の右端も留めました。教師が「布巾を広げて留めることができましたね。」と言うと，児童Aは，にっこりしました。

作成のポイント

材料・・・洗濯ばさみ付きハンガー，布巾，フェルト(赤色，橙色，黄緑色)，縫い糸(赤色，橙色)，グルーガン

　布巾を広げられるように，布巾の長さに合わせて洗濯ばさみの位置を調節し，ハンガーと洗濯ばさみをグルーガンで固定します。

　洗濯ばさみの幅に合わせて，フェルトのリンゴ，ミカンをカットします。洗濯ばさみには，グルーガンで果物の中心部分を接着します。

～こんな工夫もできるよ～
　フェルトの部分に面ファスナーを付けて取り外せるようにしておくと，その子の好きなものや注目しやすいものに貼り変えられるよ。試してみてね。

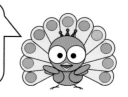

自ら掃除を
進めることができる
スライド式手順表

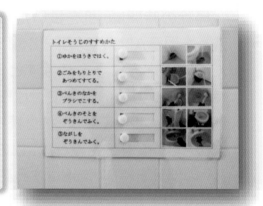

この子らしさ

○　スイッチを押したり，磁石を動かしたりすることを好みます。
○　学習プリントが1枚終わるごとに，学習予定表にマーカーで線を引くことで，次の学習に取り組むことができます。
○　写真と文字で示されていると，活動内容を理解して，自分で活動することができます。
○　活動の始まりから終わりまでの流れがある一覧表を見て，安心して活動することができます。

この子らしさを活かす工夫

　掃除の手順を一つ終えると，表の色を自分で変えて，次の手順に取り組めるようにしました。掃除の道具の使い方もわかるように，写真を入れました。掃除の内容と進捗状況が一覧でわかることで，自ら掃除を最後まで進めることができるように考えました。

【表の色を自分で変える
磁石の部分】

使い方

①　手順が終了するごとに，磁石を動かして，手順表の色を白色から緑色に変えます。
②　すべての手順を終えた（表がすべて緑色になった）ところで，教師に報告します。

自分でできたよ！

　清掃場所の男子トイレに行った
生徒Aは, 手順表の[①ゆかをほう
きではく。]の部分を見ると, 掃除
道具入れからほうきとちりとりを
出して, 掃除を始めました。ほうき
でごみを集めた生徒Aは, 手順表の
①の磁石を右にスライドさせて緑

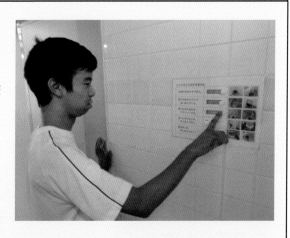

色にすると, [②ごみをちりとりであつめてすてる。]の部分を見て, ちりと
りに集めたごみをごみ箱に捨てました。そして, ②の磁石を動かしました。
同じようにして掃除を進め, すべての項目が緑色になったのを見た生徒A
は,「掃除, 終わりました。」と, 教師に言いました。教師が「自分で掃除を進
められましたね。」と言うと, 生徒Aは, 笑顔になりました。

作成のポイント

材料・・・掃除の手順表, 色紙, 磁石, ホワイトボード

　　進捗状況がわかるように, 表を四角に切り抜き,
色紙を付けた磁石を右にスライドさせ, 表の色を自
分で変えられるようにします。

　　見通しをもつことができるように, 掃除の手順や
道具の使い方を写真と文字で示します。

自分で操作して 自己紹介できる ボード

この子らしさ

○　パーソナルカラーが赤色で, 操作物を赤色にしておくと, 自ら操作しようとします。

○　出席確認ボードで毎日, 赤札を裏返し, 白札に変えることができます。

○　キャップ締めの自立課題で, 複数個並んだペットボトルから, キャップが付いていないものを選んで, キャップをはめることができます。

この子らしさを活かす工夫

　赤色でボードを塗っておくことで, 自分が操作するものであることがわかるようにしています。普段使用している出席確認ボードと同じような札にすることで, 裏返すことができるようにしてあります。また, 裏返すと札が白色になっていることで, めくり終わった札がわかり, すべての札を裏返し, 名前と好きなものを発表できるように考えました。

【フックにかかっている赤色の札】

使い方

　フックに掛かっている札を外し, 裏返して再びフックに掛けます。1枚ずつ裏返していくことで, 名前と好きなものを表します。

自分でできたよ！

　新入生を迎える会で，教師が「自己紹介をしましょう。」と言うと，児童Aは，「うん。」と言い，立ち上がって，ボードに近づきました。教師が「どうぞ。」と言ってボードを指すと，児童Aは，木札を見ました。そして，児童Aは，一文字目の札をフックから外し，赤色である裏面から白色である表面に裏返して，再びフック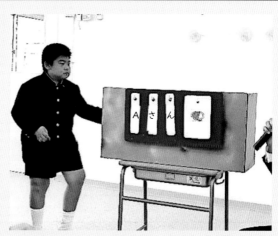に掛けました。同様に，4枚の木札を表面にした児童Aは，教師を見て両手をたたきました。教師が「Aさんです。カレーライスが好きです。よろしくね。」と言うと，児童Aは，みんなから拍手をもらいました。教師が「自己紹介ができましたね。」と言うと，児童Aは，にっこりしました。

作成のポイント

材料・・・木札, 合板, フック

　　木札に注目できるように，木札の裏面を赤色で塗ります。児童Aが，立ち上がって手を伸ばしたときに届くように，フックを取り付けた合板の高さを調節して机の上に固定します。

　　児童Aが，操作しやすいように，札に少し厚みをもたせてあります。

～こんな工夫もできるよ～
　自己紹介以外にも，様々な場面で使えそうだね。例えば，朝の会で天気や曜日を木札に示しておけば，めくるだけでみんなに伝えられるよ。その子の活躍できる場が増えていくといいね。

場所に合わせて
声量を調整できる
声の大きさメーター装置

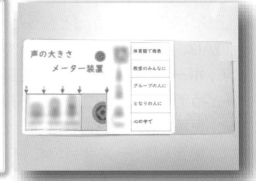

この子らしさ

○　数字の大小関係を理解することができます。

○　集会をする際，場所や人数に応じて司会のマイクの音量を調節することができます。

○　学芸会で決まったせりふを大きな声で言うことができます。

○　好きなキャラクターのイラストが付いた教材を使用することで，自ら学習に取り組むことができます。

この子らしさを活かす工夫

　　数字の大小関係に加えて，生徒Aの好きなキャラクターが声の大きさに合わせて口の開け方を変えているイラストを付けています。どのくらい口を開けるとどのくらいの声量になるのか，視覚的にわかりやすくすることで，その場の状況に合わせて声の大きさを調整できるようになると考えました。

【声の大きさの表】

使い方

①　メーターを［0］に合わせます。（黄色の紙をすべて中に入れる。）

②　話し始める前に，部屋の大きさに合わせて，これからどの音量の声で話をするのかメーターで表示をします。

自分でできたよ！

　教室で自己紹介をするとき，生徒Aは，声の大きさメーター装置を持ち，メーターを[3（教室のみんなに）]に合わせて教師に見せました。教師が「今日は介護等体験の学生さんたちもいるから，教室の後ろにも人がいますよ。」と声をかけると，生徒Aは，メーターを[4（体育館で発表）]に変えました。[4]にかかれたキャラクターのイラストを見た生徒Aは，キャラクターのイラストの口の大きさくらいまで口を開けて，大きな声で自分の名前と好きな食べ物を言いました。学生が「私も，その食べ物が大好きです。1日，よろしくお願いします。」と言うと，生徒Aは，笑顔になりました。

作成のポイント

材料···声の大きさの表を印刷したもの，ラミネートフィルム，
　　　　セロハンテープ

　声の大きさが視覚的にわかるように，口の大きさの異なるキャラクターや数字で声の大きさを示した表をつくります。

　メーター部分を右側から引き出せるように，2枚の表の間にメーター部分を挟んで，セロハンテープで留めます。

言いたいことを
　　伝えることができる
　　　　コミュニケーションカード

この子らしさ

○　自分の要求を，クレーンや指差しで教師に伝えようとします。

○　平仮名を読むことができ，書かれている簡単な感情を表すことばの意味を理解することができます。

○　イラストを見て，そのイラストを表すことばとマッチングすることができます。

この子らしさを活かす工夫

　生徒Aが日常で伝えようとすること，要求すること，質問したいことをカードにしました。また，カードの内容を理解しやすくなるよう，平仮名とイラストを使ってカードを作成することで，言いたいことを伝えることができるようになると考えました。

【イラストと平仮名で
書かれたカード】

使い方

　生徒Aが何かを伝えたいと感じたときや，教師が生徒Aに問いかけるときにコミュニケーションカードの付いたボードを提示します。

自分でできたよ！

　朝の会が終わった後, 生徒Aは, ホワイトボードを手に取り, 教師の隣に座り, 「先生。」と言いました。教師が「Aさん, どっしたんですか。」と聞くと, 生徒Aは, いくつかあるイラストの中から[しんぱい]と書かれたイラストを手に取り, 教師に見せました。それを見た教師が「何が心配なんですか。」と言うと, 生徒Aは, [だれがくるの？]と書かれたカードを教師に見せました。教師が「だれが来るか心配なんですね。今日は誰も来ませんよ。」と言うと, 生徒Aは, うなずき, 笑顔になりました。

作成のポイント

材料・・・ホワイトボード, スチレンボード, マグネット, イラスト

　生徒Aがよく伝えようとしていることをリストアップしてあります。

　生徒Aが扱いやすいように, イラストをスチレンボードに貼り, 厚みをもたせてあります。裏側には, マグネットが貼ってあります。

〜こんな工夫もできるよ〜
　先生や友達の顔写真も付けておくと, 誰に何を伝えたいのか, よりわかりやすくなるよ。その子に合わせて, イラストを写真にしたり, 文字だけにしたりすることも大切だね。

自分の健康状態を伝えることができる健康観察ボード

この子らしさ

○　気持ちを表すことばに合うイラストを指差すことができます。

○　2枚の写真カードから，自分がやりたいものを一つ選ぶことができます。

○　ふわふわした感触を好みます。

○　教師や友達の問いかけに対して，首振りや指差しをして意思表示をすることができます。

この子らしさを活かす工夫

　元気な様子のイラストと元気のない様子のイラストが，左右に色分けされたボードに配置されています。イラストの下に，クッションボールが付いていることで，友達や教師に健康状態を尋ねられたとき，自分の健康状態を示す方のクッションボールに触れて伝えられるようにしました。

【イラストの下に付けた
クッションボール】

使い方

①　教師や友達に健康状態を尋ねられたときに，健康観察ボードを取り出します。

②　どちらかのクッションボールに触れて，意思表示をします。

自分でできたよ！

　朝の会の健康観察で, 係の友達に「Aさん, 元気ですか。」と尋ねられた生徒Aは, 健康観察ボードに手を伸ばしました。生徒Aは, 元気のない様子のイラストを見ると, 青色のクッションボールに数回人差し指で触れました。教師が「Aさん, 元気じゃないんですね。大丈夫かな。」と言うと, 生徒Aは, もう一度青色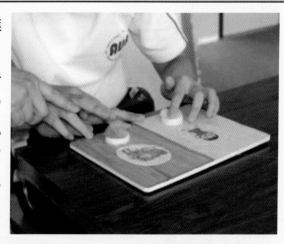
のクッションボールに触れました。別の日の健康観察で, 健康観察ボードを手にした生徒Aは, 元気な様子のイラストを見ると, 黄色のクッションボールに数回人差し指で触れました。教師が「Aさん, 今日は元気でよかったです。」と言うと, 生徒Aは, もう一度黄色のクッションボールに触れて, にっこりしました。

作成のポイント

> 材料・・・スチレンボード, イラスト, 両面テープ, ペットボトルキャップ,
> 　　　　クッションボール

> 　スチレンボードを左右に区切り, それぞれ違う色で塗ります。さらに, ペットボトルキャップがはまる大きさの穴を開け, キャップをはめます。キャップの中には, 色分けしたボードと同じ色のクッションボールをはめ込みます。

> 　元気な様子のイラストと, 元気がない様子のイラストを, 左右に貼ります。

自分から要求を
伝えることができる
コミュニケーションボード

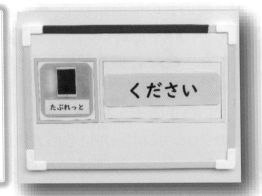

この子らしさ

○　写真やイラストを見て，活動に取り組むことができます。

○　平仮名で書かれたことばを読むことができます。

○　カードやパズルなどの具体物を操作することを好みます。

○　色で示された枠に，その枠と同じ色の具体物を置くことができます。

この子らしさを活かす工夫

　児童Aがよく使うものの写真に，平仮名で名称を書いた写真カード，[ください]，[おねがいします]などのことばカードを用意します。それぞれのカードと同じ色や大きさの枠があることで，自分でカードを操作し，写真とことばをつなげて，自分から要求を伝えることができるようになると考えました。

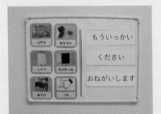

【写真カードとことばカード】

使い方

①　写真やイラスト，ことばを組み合わせて，伝えたいことをホワイトボードに用意した枠の中に並べます。

②　ホワイトボードを持ってことばを読み，お願いしたいことを伝えます。

自分でできたよ！

　朝，自立課題を終えた児童Aは，机の横に置いてあるコミュニケーションボードを手に取りました。児童Aは，青色と黄色に仕切られた枠に，[ぱずる]と書かれた写真カードと，[ください]と書かれたことばカードをそれぞれ貼りました。続けて，児童Aは，カードを貼ったボードを手に持って先生に近づき，「ぱずる，ください。」と言いました。児童Aの好きなパズルを差し出し，「自分の欲しいものを言えましたね。はい，どうぞ。」と教師が言うと，児童Aは，「ありがとう。」と言い，にっこりしました。

作成のポイント

材料・・・A4サイズのホワイトボード，ラミネートフィルム，
　　　　マグネットシール，マグネットシート

　児童Aが欲しいものや，やりたいことが示されている写真やイラスト，[ください]などのことばを印刷し，ラミネートした後，マグネットシールを貼り付けます。

　カードと同じ色のマグネットシートをカードがちょうど収まる大きさの枠になるように切ります。

> ～こんな工夫もできるよ～
> 　その子が話す文の語数に応じて，マグネットシートの枠の数を増やすことができるよ。成長に応じて，つくってみてね。

順番を待って 並ぶことができる マット

この子らしさ

○　電車の模型で友達と遊んだり, 一緒に乗り物ごっこをしたりすることを好みます。

○　書かれた数字を見て, 順番がわかります。

○　立ち位置がわかると, その場にとどまることができます。

○　線に合わせて, 机を並べることができます。

その子らしさを活かす工夫

　複数のマットを2本のビニルテープでつなぎ, 電車の連結部分のように表しています。数字とラインが示してあるマットを置いておくことで, 自分の立つ位置や次に進む位置が明確になり, 順番に並ぶことができるようになると考えました。

【数字とラインを示してある部分】

使い方

①　マットの上に立ち, 爪先をテープのラインに合わせてそろえて待ちます。

②　前に立っている人が移動したら, 次の番号のマットに移動します。

自分でできたよ！

教師が「給食の時間になりました。今から手を洗いますよ。」と言うと，生徒Aは，手洗い場に近づきました。その後，生徒Aは，手洗い場の近くに置いてあったマットを見て，「電車みたい。乗ってみたいな。」と言いました。マットの上に貼ってある数字を見た生徒Aは，

「1，2，3。」と数唱した後，「Bさんが，1番に立っているから，僕は2番だね。」と言って，2番のマットのラインに爪先をそろえて立ちました。友達が1番のマットに立って手を洗っている間，生徒Aは，2番のマットの上に立って待ちました。友達が手を洗い終えると，生徒Aは，「一つ前に進みます。」と言って，1番のマットの上に移動し，手を洗いました。教師が「Aさん，順番に並ぶことができましたね。」と言うと，生徒Aは，笑顔になりました。

作成のポイント

材料・・・ジョイントマット，数字の書かれた用紙，カラーテープ，
　　　　ビニルテープ

踏んでいる感覚が伝わりやすいように，柔らかいマットを使用します。

均等な間隔でまっすぐに並ぶことができるように，マットとマットを裏側からビニルテープでつなぎます。

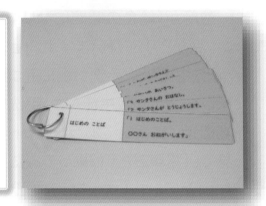

> # 順番に司会のせりふを
> # 言うことができるカード

この子らしさ

○　平仮名を読むことができます。

○　数唱をすることができます。

○　パーソナルカラーである緑色に塗られた部分に書かれた文字に注目することができます。

○　計算カードがリングで綴じられていると，1問ずつ集中して取り組むことができます。

この子らしさを活かす工夫

　数字と司会者のせりふが場面ごとに書かれたカードをリングで綴じたり，せりふが書かれている部分を緑色にしたりすることで，注目することができ，せりふを言って司会を進めることができるようになると考えました。

> 「1 はじめのことば。
>
> 　〇〇さん おねがいします」

【カードが緑色に着色された部分】

使い方

①　カードを場面ごとに分け，リングで綴じます。

②　読んだらカードをめくり，次のカードが一番上になるようにします。

自分でできたよ！

　集会で司会の位置へ移動した児童Aは, マイクを持ち, カードのせりふが書かれている部分をじっと見て, 「1, はじめのことば。Bさんおねがいします。」と言いました。せりふを言い終え, 教師が「とても聞きやすいです。」と言うと, 児童Aは,

にっこりしました。その後も, カードを使ってせりふを言い, 司会の仕事を進めました。集会が終わり, 教師が「Aさん, 司会のことばを一つずつ順番に言うことができましたね。」と言うと, Aさんは, 再びにっこりしました。

作成のポイント

材料···司会のせりふが書かれたプリント, カードリング

　せりふ部分を緑色で強調した司会カードを用意します。手元で扱えるようにカードのサイズを調節し, 場面ごとに切り離します。

　カードを1枚ずつめくって次の内容を確認できるように, カードの左上部分に穴を開け, カードリングに通します。

～こんな工夫もできるよ～
　せりふの部分を, やることリストや予定に変えると, 見通し支援にすることができるね。

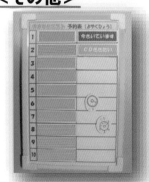

CDデッキを使う
順番を守ることができる
予約ボード

※ ▢▢▢▢▢ の部分には, CD ラジカセで音楽を聴きたい子どもの名前が書かれたプレートを貼ります。

この子らしさ

○　活動全体の見通しがもてると, 安心して活動することができます。

○　手順表を使って, 作業に取り組むことができます。一つの工程が終わるごとに, マグネットを操作し, 次に行う工程を確認することができます。

○　給食の食器を片付けるとき, 1列に並んで順番を待つことができます。

○　輪投げゲームに取り組むとき, 自分が輪を投げ終わると, 次の友達に代わることができます。

この子らしさを活かす工夫

　CDデッキを使いたい人が一覧で見えるようになっています。曲が終わるごとに, マグネットを動かすことで, 次に使う人が見てわかるようになっており, 順番の見通しをもったり, 自分が使った後に次の友達に代わってあげたりできるようになると考えました。

【今聴いている人と,
　次の人がわかるマグネット】

使い方

①　CDデッキを使いたいとき, 予約表にネームプレートを貼ります。

②　曲が終わったら, [今きいています]と[CDききたい]のマグネットを一つずつ下に動かします。

自分でできたよ！

　休み時間になり, CDラジカセで聴きたい音楽を選ぶ順番を示した予約ボードを見た生徒Aは, 順番待ちをしている人のネームプレートの下に自分のネームプレートを貼りました。友達の聴いていた曲が終わり, CDを片付けているのを見て, [今きいています]と[CDききたい]のマグネットを一つずつ下に動かしました。次の友達の曲が終わり, マグネットを一つずつ下に動かすと, 自分のネームプレートの横に[CDききたい]のマグネットがあるのを見て, 「次は僕の番だ。」と言いました。教師が「順番を待つことができましたね。」と言うと, 生徒Aは, 笑顔になりました。聴きたいCDを聴き終わると, 予約ボードのマグネットを動かし, 「つぎはBさんです。どうぞ。」と言って, CDラジカセを渡しました。

作成のポイント

材料・・・ホワイトボード, 枠や名前を印刷したプリント, マグネットシート

　順番に使うことができるように, ネームプレートは一人1枚にしました。枠の数は, 学級の生徒の人数分にしてあります。

第3章

子どもの学習を支える
支援ツール

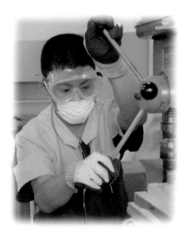

「か」の３画目よりも
濁点を短く書くことができる
見本

この子らしさ

○　見本を見て，「か」を書くことができます。

○　平仮名の半濁音は，適切な大きさで書くことができます。

○　パズルをすることを好みます。

○　複数の具体物を見て，長さを比べたり，短い順に並べたりすることができます。

この子らしさを活かす工夫

　スチレンボードに［が］の文字が示されており，「が」の３画目と濁点だけ取り外しができるようになっています。三つのパーツを取り外して見比べると，画の長さの違いがとらえやすくなり，濁点を「が」の３画目より短く書くことができるようになると考えました。

【「が」の３画目と濁点の部分】

使い方

①　スチレンボードの［が］の，３画目と濁点のパーツを取り外します。

②　取り外したパーツを机上に並べて，長さを比べます。

自分でできたよ！

　教師が「今日も平仮名をノートに書く練習をしましょう。」と言うと、児童Aは、机上に鉛筆とノートと、「が」の見本を準備しました。児童Aは、「か」をノートに書いた後、「が」の見本から、3画目と濁点を取り外しました。取り外した三つのパーツを隣り合うように机上に並べ、じっと見つめていた児童Aは、「濁点の方が短いな。」と言いました。その後、児童Aは、一つ目の濁点を「か」の3画目よりも短く書きました。児童Aは、もう一度パーツを見返し、「二つ目の濁点も、短いな。」とつぶやき、二つ目の濁点を3画目よりも短く書きました。教師が「Aさん、濁点が3画目よりも短く書けていますね。上手。」と言うと、児童Aは、笑顔になり、繰り返し「が」を書く練習に取り組みました。

作成のポイント

材料…「が」の文字を印刷した用紙、スチレンボード

　「が」の文字が印刷された用紙を用意します。その後、のりで用紙をスチレンボードに貼り付けます。

　カッターを使用し、「が」の3画目と濁点を切り取ります。

字形を整えて書くことができる漢字練習ファイル

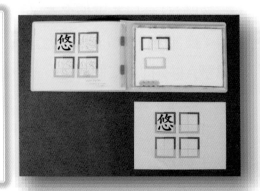

この子らしさ

○　形や色のマッチングができます。

○　枠の大きさに合わせて文字を書くことができます。

○　視写することができます。

○　絵をかく際, 線で分割された見本を見ると, 形をとらえやすくなります。

○　一つずつ順番に活動することで安心して取り組むことができます。

この子らしさを活かす工夫

　プリントの枠の色と対応するようにスチレンボードの枠に色を付け, 同じ色で合わせられるようにしました。枠を置くことによって, 部分ごとの形に注目することができ, バランスよく書くことができると考えました。

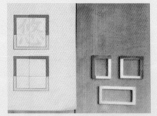

【プリントと同じ色を付けた枠】

使い方

①　緑色のスチレンボード枠をプリントの緑色の枠に合わせて置きます。

②　緑色の枠の中に, 該当する部分を書きます。続いて, 同じように赤色, 黄色も順に枠を置き, 該当する部分を書きます。

自分でできたよ！

　丸磁石でプリントをホワイトボードに付けて鉛筆を持った生徒Aは, 緑色のスチレンボード枠を手に取り, プリントの緑色の枠に合わせて置きました。見本の[悠]を確認した生徒Aは, 緑の枠の中に[悠]の該当する部分を書きました。続けて, 生徒Aは, 同じように  スチレンボード枠を赤色, 黄色の順にプリントの色に合わせて置き, それぞれの枠の中に[悠]の該当する部分を書きました。生徒Aは, 教師に「できました。確認をお願いします。」と言って, 漢字練習ファイルを渡しました。教師が「形を整えて書くことができましたね。」と言うと, 生徒Aは, 「はい。」と言って, にっこりしました。

作成のポイント

材料・・・スチレンボード, 丸磁石, 紙ファイル（A4）, マグネットシート,
　　　　カラーペン（緑, 赤, 黄）, ホワイトボード（横 30 ㎝×縦 20 ㎝）

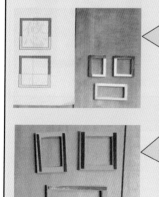

　枠に合わせて漢字の練習ができるプリントをつくります。枠に合わせてスチレンボードを切り抜きます。枠の色に合わせてカラーペンで色を塗ります。

　扱いやすいようにスチレンボードを半分の厚さに切り, 裏にマグネットシートを貼ります。紙ファイルにホワイトボードを貼り, プリントを固定する丸磁石を付けます。

なぞり書きができる平仮名枠

この子らしさ

○　平仮名を読むことができます。

○　始点に赤色の印があると，そこにペンの先を置き，なぞり書きをすることができます。

○　休み時間に，パズルをして遊ぶことを好みます。

○　「1, 2…。」と数唱することができます。

この子らしさを活かす工夫

　取り外しができるように，1画ずつ切り分けました。なぞり書きをする文字を1画ずつに分けてスチレンボードから切り抜き，2画目の型だけ枠にはめておくことで，1画目の終点がわかり，1画目と2画目を分けて書くことができるようになると考えました。

【書き始めに貼られた赤シール】

使い方

①　なぞり書きのプリントの上に，枠を置き，文字の2画目以降のパーツをはめます。

②　1画目の始点に貼られたシールにペンを置いてから，書き始めます。

自分でできたよ！

　教師が「[と]を書きますよ。」と言うと，児童Aは，[と]が書かれている用紙の上に平仮名枠を置いてペンを持ちました。教師が「1。」と声をかけると，児童Aは，1画目の始点に貼ってある赤色のシールの上にペンの先を置き，「1。」と言って，1画目を書き
ました。ペンの先が2画目の型に当たるのを見た児童Aは，型を取り外し，2画目の始点に貼ってある赤色のシールにペンの先を置いて「2。」と言って，2画目を書きました。教師が「上手に[と]と書くことができましたね。」と言うと，児童Aは，手をたたいてにっこりしました。

作成のポイント

材料・・・スチレンボード(A4)，なぞり書きプリント(A4)，シール(赤色)

　画ごとに型にはめたり，外したりすることができるようにスチレンボードに書いた文字を一画ずつのパーツに切り分けます。

　平仮名枠と切り抜いた文字の型，始点の赤い印が見分けやすいように，異なる色を使って着色します。

～こんな工夫もできるよ～
　画数の多い文字は，パーツの色を変えたり，始点の赤い印に番号を入れたりすることで，筆順を意識して文字を書くことができるよ。

台紙に収まるように
文字の大きさをそろえて
書くことができる文字枠

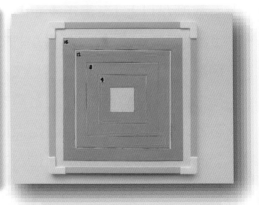

この子らしさ

○　枠の中に漢字や平仮名を書くことができます。

○　A4の紙に目一杯の大きさで自画像をかくことができます。

○　印と印を合わせることができます。

○　使うものを自分で決めることでスムーズに活動に取り組めます。

この子らしさを活かす工夫

　台紙の大きさに合わせた正方形マグネット枠を用意します。正方形マグネット枠の大きさを，4種類用意し，自分で決めた文字の大きさに合う枠を選ぶことができるように考えました。

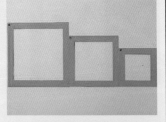

【いろいろな大きさの正方形枠】

使い方

①　台紙に書く字の大きさに合わせて，正方形マグネット枠を選びます。

②　書く文字の大きさを変えるときは，正方形マグネット枠の大きさを変えます。

自分でできたよ！

　四つ切り画用紙に自分の名前を書くとき，生徒Aは，2番目に大きな枠を手に取り，自分の名前を一文字ずつ声に出し，枠を画用紙に当てていきました。教師が「名前が書けそうですか。」と聞くと，生徒Aは，「うん。」と言い，1文字目を枠いっぱいに書きました。枠をずらして，同じように2文字目，3文字目を書き，自分の名前を書き終えた生徒Aは，「できました。」と言い，教室前面にあるホワイトボードに貼りました。教師が「この字の大きさなら，みんなが見やすいですね。」と言うと，生徒Aは，「うん。」と言い，笑顔になりました。

作成のポイント

材料・・・ホワイトボード（正方形），A4マグネットシート（注目できる色），
　　　　油性ペン

　　マグネットシートを正方形枠（例：20, 16, 12, 8 cm）に切ります。

　　取り外ししやすいように，正方形マグネット枠の外側を1mm程度切っておきます。その枠の左上に，それぞれの字を書く枠の大きさを数字で書いておきます。

～こんな工夫もできるよ～
　様々な大きさの台紙に対応できるように，正方形のマグネットシートの大きさの種類を増やしてもいいね。ノートをとるときにも使えそうだね。

引いた数と
　　残りの数がわかる
　　　　お助けイチゴ

この子らしさ

○　休み時間には，買い物ごっこやおままごとなど，ごっこ遊びをして過ごすことがよくあります。

○　イチゴやブドウなどの果物を好みます。

○　具体物を操作する活動を取り入れると，学習を理解しやすくなります。

○　100までの具体物を数えることができます。

この子らしさを活かす工夫

　食べるまねをして，楽しく操作できるように，イチゴのヘタを付け外しできるようにしました。また，引かれる数の分だけ置いたイチゴから，引く数の分だけイチゴを取り，ヘタだけを残すことで，引いた数と残りの数（答え）をとらえやすくしました。

【7－4を計算した後の様子】

使い方

①　イチゴを引かれる数の分だけ卵パックの1から順に置きます。

②　引く数の分だけ卵パックに書かれた大きい数字のイチゴから食べるまねをして，ヘタだけを卵パックに戻し，残ったイチゴの数を数えます。

自分でできたよ！

　（一桁）−（一桁）の計算問題［7−4］に取り組んでいた児童Aは，お助けイチゴに手を伸ばし，引かれる数の7と同じ数の分だけイチゴを卵パックに並べました。続いて，引く数の4の分だけイチゴを「ぱくっ。」と言って食べるまねをして，ヘタだけ戻しました。最後に，児童A

は，卵パックに残ったイチゴの数を数えて，「1，2，3。」と言い，プリントに答えを書き込みました。その後，児童Aは，教師に「できました。」と言って，プリントを渡しました。教師が「正解です。お助けイチゴを使って，正しく計算することができましたね。」と言うと，児童Aは，「やったぁ。」と言ってにっこりしました。

作成のポイント

　材料・・・赤色の紙粘土（白色の粘土に赤色の絵の具で作ってもよい），
　　　　爪楊枝，卵パックの容器，ドットシール，緑の画用紙

　粘土でイチゴの形をつくります。ヘタは緑の画用紙でつくり，爪楊枝を刺して，爪楊枝を半分に切ります。粘土が固まる前にヘタを刺し込みます。

　ドットシールに1から10までの数字を書き，卵パックに貼り付けます。卵パック一つで20までの数の計算に使うことができます。

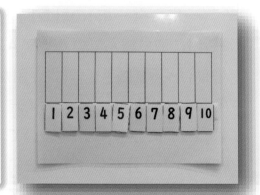

具体物の数が
答えられる
カードシート

この子らしさ

○ 本を一列に並べて片付けることを好みます。

○ 升目に合わせてブロックを左から順番に並べることができます。

○ 10までの数字を聞いて，不規則に置かれた数字カードからその数字を
選び，教師に渡すことができます。

○ 面ファスナーを指でつまんで貼ったりはがしたりすることができます。

この子らしさを活かす工夫

　具体物を一列に並べられる升目とそれに左側から対応する1から10までの数字カードを面ファスナーで貼り付けてあります。升目があることで，数えたい具体物を順番に並べたくなり，面ファスナーの厚みで数字カードが取りやすくしてあることで，並べ終わった升目の数字カードを渡して合計数を答えることができるようになると考えました。

【面ファスナーで貼った数字】

使い方

① 数えたい具体物を左から順番にカードシートの升目に並べます。

② 並べ終わったら合計数にあたる数字カードを取り，渡します。

自分でできたよ！

　机の上に置かれたブロックの合計を数えようとした児童Aは, カードシートを体の正面に置きました。次に, 児童Aは, ブロックを左から順番に一つずつ升目の上に並べました。全部のブロックを並べ終わった児童Aは, 右端の升目の数字が8であることを見て, [8]の数字カードを手に
取り, 教師に渡しました。教師が「正解です。」と言うと, 児童Aは, うなずいてにっこりしました。続けて, 教師がカードシートに並べられたブロックを片付け, 違う数のブロックを机に用意すると, 児童Aは, 再びブロックをカードシートの升目に並べ, 答えとなる数字カードを手に取り, 教師に渡しました。教師から出題される度に, 児童Aは, 何度もブロックをカードシートの升目に並べ, 数字カードを教師に渡しました。

作成のポイント

材料・・・面ファスナー, ラミネートフィルム

> 並べたい具体物の大きさに合わせて, 升目の幅や長さを調節し, シートを作成します。

> 升目の大きさに合わせて数字カードを作成します。作成した数字カードは, 左から順番に, 升目の下に面ファスナーで貼り付けます。

（一桁）＋（一桁）の数え足しができるボード

この子らしさ

- ○　1から20までを数唱することができます。
- ○　パズルを動かして並べたり，カードを並べたりすることを好みます。
- ○　升目があると，左端から順番に並べます。
- ○　色や図形のマッチングができます。

この子らしさを活かす工夫

　足される数と足す数を色分けして，数字カードを貼る枠と同じ色にすることで，足される数と足す数がわかるようにしました。また，数字カードやマグネットを貼れるようにし，操作活動を取り入れました。

【色分けした枠と数字マグネット】

使い方

- ①　数字カードを黒丸と青丸の枠にそれぞれ貼り，式をつくります。
- ②　黒丸の枠に貼られた数に1を足した数を[かぞえはじめのかず]の枠に貼ります。
- ③　青丸の枠に貼った，足す数分のマグネットを並べます。

自分でできたよ！

数学の時間に, プリントに書かれた[2＋9]の式を見た児童Aは, 黒丸の枠に[2], 青色の枠に[9]のカードを貼り, 式をつくりました。丸い黒枠の[2]のカードを見て, 児童Aは,「2, 3。」と言って, [かぞえはじめのかず]と書かれた四角の枠に[3]のカードを貼 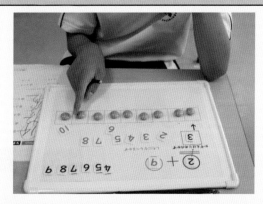 りました。教師が「数え始める数がわかりましたね。」と言うと, 児童Aは,「はい。」と言い, 続けてピンク色の丸マグネットを青い枠に並べました。9個並べ終わると,「9。」と言い, 教師が「数えてみましょう。」と言うと, 児童Aは, 左端のマグネットを指差し,「3, 4, 5, …, 10, 11。11です。」と言いました。教師が「正解です。正しく計算できましたね。」と言うと, 児童Aは,「はい。」と言って, 笑顔になりました。

作成のポイント

材料・・・ホワイトボード, マグネット, 丸マグネット, 数字カード

動かしやすい大きさに切った数字カードを2セット用意し, ボードの上で固定できるように裏面にマグネットを貼ります。

連続した数のカードを並べて数え足しができるように, 足される数と, その次の数の同じ色の異なる図形の枠を用意します。

～こんな工夫もできるよ～
枠を大きくして貼るマグネットの数字を, その子が好きな具体物に変えることで数の合成がよりわかりやすくなるよ。その他にも, 足し算以外の計算にも使うことができそうだね。

具体物を
　数えることができる
　　　型はめ容器

この子らしさ

○　1から15まで数唱することができます。

○　1から15までの数字が書かれたカードを順番に並べられます。

○　ブロックなどで型はめをすることを好みます。

○　給食が好きで, 特に牛乳を好んでいます。

この子らしさを活かす工夫

　底部分をくり抜いたところに, 1から15までの数字カードが貼り付けられています。給食の牛乳パックと同じ形, 大きさでつくった直方体型がぴったりはめられることで合わせたくなり, 具体物の数と個数を一致させて数えることができるように考えました。

【型はめできるようにくり抜いた枠】

使い方

　直方体の牛乳パックを手に取り, 数字が貼ってある穴が空いた部分に型はめして数えます。

自分でできたよ！

教師が「牛乳を13本ください。」と言うと, 生徒Aは, 「はい。」と言い, 「いち。」と言って, 牛乳パックを[1]と書かれた型はめ容器の枠の中に入れました。続けて, 次の牛乳パックを手に取った生徒Aは, 「に。」と言って, 牛乳パックを[2] 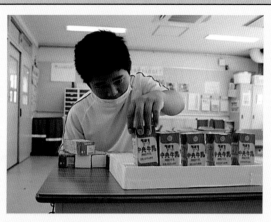 と書かれた型はめ容器の枠の中に入れました。同じように13個の牛乳パックを型はめ容器に入れた生徒Aは, 「できました。」と言い, 手を挙げました。教師が「Aさん, 13個数えられましたね。」と言うと, 生徒Aは, 「はい。」と言い, 教師とハイタッチをして, 笑顔になりました。

作成のポイント

材料・・・スチレンボード, ラミネートフィルム, 面ファスナー

数字カードを見ずに具体物を数えられるようになっても使えるように, 面ファスナーで数字カードを取り付け, 取り外しができるようにします。

型はめをしたときに, 具体物が固定できるように, スチレンボードをカッターナイフで具体物の幅に切り, 容器の仕切りを高くします。

～こんな工夫もできるよ～
数える具体物の形に合わせて型はめ容器の枠の形を変えたり, 一列に収める数を10個にしたりするなど, 実際に数えるものの形や数え方に合わせてつくってみてね。

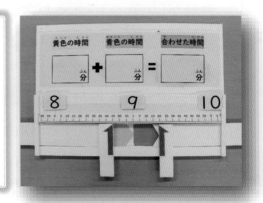

経過時間の計算式を立てることができる時間早わかりボード

この子らしさ

○ 形や色を見て，その属性と対応するところに記述することができます。

○ アナログ時計が読めます。

○ （二桁）＋（二桁）の計算ができます。

○ 定規を使って，指示された長さの線を引くことができます。

この子らしさを活かす工夫

　時間早わかりボードには，時刻の分を表す目盛りがあり，その下に操作できる矢印があります。出発時刻と到着時刻を表す目盛りに矢印を合わせることで，経過時間を求める計算式が立てられ，正時をまたぐ経過時間を求める式を立てられるようになると考えました。

【出発時刻と到着時刻に
合わせる矢印】

使い方

① 到着時刻の[○時]の数字カードを目盛りの中央に貼り，左右にその前後の数字カードを貼ります。

② 出発時刻に矢印の左，到着時刻に矢印の右を合わせます。

自分でできたよ！

[8時35分に出発し，9時30分に到着したとき，かかった時間は何分でしょう。]と書かれた問題用紙を見た生徒Aは，時間早わかりボードに手を伸ばしました。ボードの中央に[9]，左に[8]，右に[10]の数字カードを貼った生徒Aは，左の矢印を8時35分に合わせた後，右の

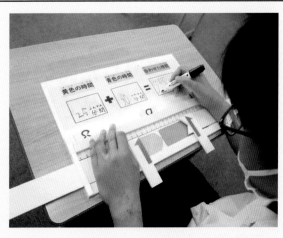

矢印を9時30分に合わせました。8時35分から9時までと9時から9時30分までの経過時間を「黄色が25分間，青色が30分間。」と読み上げた生徒Aは，ボードの上部の[黄色の時間]の枠に[25]，[青色の時間]の枠に[30]と書き込み，[合わせた時間]の枠に[55]と書きました。教師が「式を立て，計算できましたね。」と言うと，生徒Aは，「はい。」と言って，笑顔になりしました。

作成のポイント

材料・・・スチレンボード，目盛りが書かれた用紙，面ファスナー，
　　　　矢印がかかれた用紙，時間を表す数字の用紙，数字カード

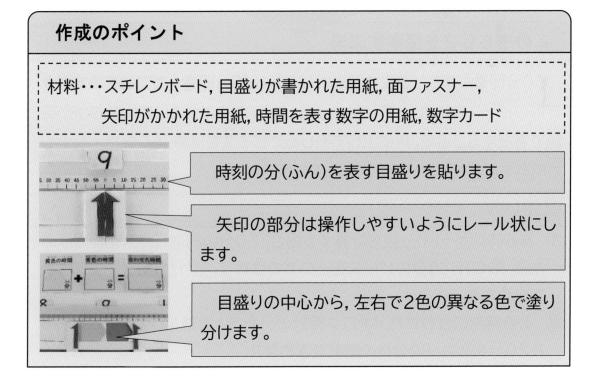

時刻の分（ふん）を表す目盛りを貼ります。

矢印の部分は操作しやすいようにレール状にします。

目盛りの中心から，左右で2色の異なる色で塗り分けます。

60分以上経過した時刻を
計算することができる
時間分割ボード

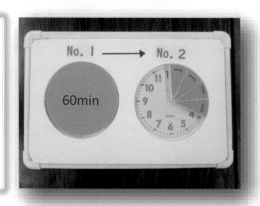

この子らしさ

○　示された時刻を読むことができます。

○　分針が1周すると，1時間経過することを理解しています。

○　アナログ時計で1周は60分であることを理解しています。

○　5とびで数唱することができます。

○　パズルや型はめをすることを好みます。

○　英語に関心があり，知っている単語を会話に取り入れようとします。

この子らしさを活かす工夫

　　60分間進んだことを表す円形のピースと，5分間進んだことを表すおうぎ形のピースを用意し，枠にはめることができるようにしました。また，英語で表記することで，声に出して楽しんでピースをはめ，60分以上経過した時刻を計算することができるように考えました。

使い方

①　ある時刻から80分後を計算する場合，60分の円形ピースを枠にはめた後，隣の枠に5分のピースを一つずつはめて，残りが20分であることを求めます。

②　ある時刻に合わせたアナログ時計の分針を1周動かした後，①で求めた20分を進め，80分後の時刻を求めます。

自分でできたよ！

　教師が「1時10分から80分後の時刻を求めましょう。」と言うと, 生徒Aは, [60min]と書かれた円形のピースに手を伸ばしました。生徒Aは, 円形のピースを No.1の枠にはめ込み, 「60。」と言い, No.2の枠に, [5min]と書かれたおうぎ形のピースを, 「65, 70, 75, 80。」と5分刻みで数えてはめ込みました。No.1, No.2の枠内のピースを順に見た生徒Aは, アナログ時計の模型を1時10分にセットした後, 分針を1周動かし, 続けて20分間分進め, 「2時30分です。」と答えました。教師が「正しく時刻が求められましたね。」と言うと, 生徒Aは, 「はい。」と言って笑顔になりました。

作成のポイント

材料・・・スチレンボード, 文字盤を印刷した用紙（2枚）, アナログ時計の模型

　経過した時間を表すピースをはめるボードに, アナログ時計の模型の文字盤が貼られた円形の枠を二つ用意します。

　経過した時間を表すピースは, 60分間[60min]と5分間[5min]を用意します。英語に興味がある生徒Aが学習に向かいやすくなるように英語表記にしました。

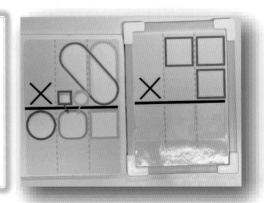

十の位に繰り上がる
（二桁）×（一桁）の筆算ができる
シート

この子らしさ

○ 色によって手順や場所を示されると理解しやすく，自分で活動に取り組むことができます。

○ 複数の色や形のものがばらばらになっていると，同じ種類ごとにまとめて整理することを好みます。

○ 足し算の筆算で繰り上がる数を書くことができます。

○ 絵の具で二つの色を混ぜると，何色になるか答えることができます。

この子らしさを活かす工夫

　掛け合わせる数と，その答えを書く場所を同じ色の枠にすることで，計算した答えをどこに書くのかがわかり，計算の手順を整理できるようにしました。また，十の位の答えを書く緑色の枠の上に，青色の枠と黄色の枠を配置することで，青色の枠の数と黄色の枠の数を足して，緑色の枠に十の位の数を書くことがわかるように考えました。

【十の位を求める部分】

使い方

① 筆算の式を書きます。

② ホワイトボードにシールを貼ります。

③ 順番に計算していきます。

自分でできたよ！

　教師が「掛け算の筆算を解きますよ。」と言ってノートに[53×6]と式を書くと, 生徒Aは, シートを手に取りました。ボードの筆算の枠に[53]と[6]を書き, 色付きの枠をかぶせた生徒Aは, 黄色で囲まれた[6]と[3]を見て, 円の枠に[1], 正方形の枠に[8]を書きました。次

に青色で囲まれた[6]と[5]を見て, 円の枠に[3], 正方形の枠に[0]を書きました。最後に, 黄色の円の枠の[1]と青色の正方形の枠の[0], 答えの十の位の緑色の枠を見て, 緑色の枠に[1]と書いた生徒Aは, 「318です。」と答えました。教師が「正しく解けましたね。」と言うと, 生徒Aは, 笑顔になり, 計算の結果をノートに書き写しました。

作成のポイント

材料・・・ホワイトボード, 枠を付けた筆算のプリント, ラミネートフィルム

掛け合わせた数の答えをどこに書くのかがわかるように, 掛ける数と掛けられる数を囲み, 十の位を書く枠は円に, 一の位を書く枠は正方形にして, 色をそろえます。

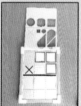

色付きの枠がなくても計算できるように, ホワイトボードの上部にテープで色付きの枠を貼り付け, かぶせたり, 外したりできるようにします。

～こんな工夫もできるよ～
　枠を増やすことで, (三桁)×(一桁)の筆算にも使うことができそうだね。枠の色もその子に合わせて変えてもいいね。

繰り返し
　　鳴らすことができる
　　　　信号機型体鳴楽器

この子らしさ

○　信号機の色が変わる様子を見ることを好みます。

○　打楽器を両手でたたいて音を鳴らすのを楽しむことができます。

○　ボタンを押すと一部分が点灯するおもちゃで繰り返し遊んでいます。

○　鈴の音を好んで聴きます。

この子らしさを活かす工夫

　赤, 緑, 黄の信号機の色に点灯するようにしたプッシュライトの周りに鈴を付け, プッシュライトをたたくと, 鈴が鳴るようにしました。何度もライトの部分を押すことで, ライトが点灯したり, 消えたりして, 繰り返し音を鳴らせるように考えました。

【鈴を付けたプッシュライト】

使い方

①　プッシュライトを三つ並べます。

②　流した曲を聴いて, プッシュライトを押し, 鈴を鳴らします。

自分でできたよ！

『みんなみんなみんな』が流れると, 信号機型体鳴楽器の前に座った児童Aは, 左手で, 緑色のライトをたたいて, 音を出しました。緑色のライトが点灯したのを見た児童Aは, もう一度緑色のライトをたたきました。ライトが消灯したのを見た児童Aは, 教師を見て, にっこりしました。続けて児童Aは, 右手で, 赤色のライトをたたいて赤色を点灯させました。教師を見てにっこりした児童Aは, 黄色のライトを左手でたたいて音を出した後, 右手で赤色のライトをたたいて音を出し, 赤色を消しました。教師が「曲の最後までたたくことができましたね。」と言うと, 児童Aは, にっこりしました。

作成のポイント

材料…ステンレス製トレー3枚, プッシュライト3個, 鈴, テグス, 布ガムテープ, 透明下敷き3色(赤色, 黄色, 緑色)

プッシュライト3個を分解し, 丸く切った赤色, 黄色, 緑色の透明下敷きを, それぞれのライトの中にはめ込みます。

鈴にテグスを通し, プッシュライトの周りにガムテープで留めます。

口型を見て声量を　調節することができる　イラスト

この子らしさ

○　休み時間に音楽を聴いたり歌ったりすることを好みます。

○　休み時間には友達と大きな口を開けて話し, 路線バスに乗っているときは, 小さな口で話すことができます。

○　視覚支援があると, 自分から活動しやすくなります。

○　2枚のイラストを見比べて, 違いに気づくことができます。

この子らしさを活かす工夫

　曲の盛り上がる部分には大の口を, 小さく歌う部分には小の口を貼ることで, 声の大きさを変えて歌うことができるようになると考えました。

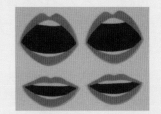

【大きさを変えた口のイラスト】

使い方

①　歌詞カードをつくり, ホワイトボードに貼ります。

②　曲の盛り上がりの部分に合わせて, 口のイラストを貼ります。

自分でできたよ！

　教師が「この歌詞カードを見て『附養のうた』を歌いましょう。」と言うと, 生徒Aは, 「はい。」と言い, 大きさの違う口のイラストが貼られた歌詞カードをじっと見つめました。『附養のうた』の伴奏が流れ始めると, 生徒Aは, 歌詞カードを

見て, 大きく口を開けているイラストが貼ってあるところは大きな声で, 小さく口を開けているイラストが貼ってあるところは小さな声で歌いました。教師が「口の大きさのイラストに合わせて, 声の大きさを変えて歌うことができましたね。」と言うと, 生徒Aは, 笑顔になりました。

作成のポイント

材料・・・ホワイトボード, 大・小の口のイラスト, マグネットシート

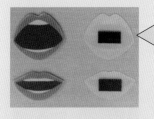

大・小の口のイラストをラミネートして切り取ったものの裏に, マグネットシートを貼ります。

歌詞カードをホワイトボードに貼り, 大・小の口のイラストを貼り付けます。

~こんな工夫もできるよ~
より細かく声の大きさを変えたいときは, イラストの大きさのバリエーションを増やしてもいいね。歌詞カードの他にも音読やスピーチの原稿に貼ってもいいね。

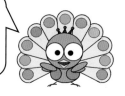

輪郭ごとに色を
塗り分けることができる
塗り絵の見本

この子らしさ

○　パズルをすることを好みます。

○　取り組みたい活動を自分で選択して行うことができます。

○　活動の手順を一つずつカードに示したものを用意すると，やるべきことが理解しやすく，その活動に取り組むことができます。

○　教師が指差した場所を，見本通りに色を塗ることができます。

この子らしさを活かす工夫

　線画の見本がパズルのように細かいパーツで切り分けられています。パーツを取り外すと，その部分の見本の色が見えるようになっており，自分が選択した箇所の色に注目でき，部分ごとに色を塗り分けられるように考えました。

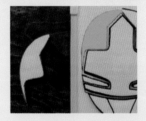

【パーツと色塗りの見本の部分】

使い方

①　色を塗りたい箇所を自分で選択し，そのパーツを取り外します。

②　取り外した箇所にある塗り絵の見本を見て，色を塗ります。

③　終わったら，パーツを戻し，次の箇所を選択します。

自分でできたよ！

　教師が「今日は, キャラクターに色を付けましょう。」と言うと, 生徒Aは, 机上に色鉛筆と色を塗る作品と塗り絵の見本を準備しました。生徒Aは, 見本のパーツをじっと見つめ,「今日は, ここの部分から色塗りをしようかな。」とつぶやき, キャラ  クターの頭部左側のパーツを外しました。その後, 生徒Aは, 色が付いている部分をじっと見つめた後, 緑色の色鉛筆を手に取り, 作品に色を塗り始めました。頭部左側の色を塗り終えた生徒Aは,「次は真ん中の部分を塗ろうかな。」とつぶやき, 中心部分のパーツを外しました。生徒Aは, 色が付いている部分をじっと見つめた後, 黒色の色鉛筆を手に取り, 作品に色を塗り始めました。中心部分の色を塗り終えた生徒Aに, 教師が「パーツごとに, 色を塗り分けることができていますね。」と言うと, 生徒Aは, 笑顔になり, 残りの部分に色を塗り始めました。

作成のポイント

材料・・・ホワイトボード, ラミネートフィルム, マグネット, 布ガムテープ, 両面テープ, 色の塗られた見本, 線画のかかれた見本

色の付いた見本をホワイトボードに貼り付けます。その後, 線画の見本をラミネートし, パーツごとに切り分けます。

すべてのパーツの裏にマグネットを貼ります。その後, 色の付いた見本の上に線画の見本のパーツを組み立てて貼ります。

すべての顔のパーツを
かくことができる
　　　　　　　顔パズル

この子らしさ

○　顔の眉, 目, 鼻, 口の認識があります。

○　顔をかくとき, 眉, 目, 口をかくことができます。

○　一つ一つ順番に活動すると安心して取り組むことができます。

○　具体物を操作する活動に, 集中して取り組むことができます。

この子らしさを活かす工夫

　顔のパーツごとに分かれていて, 一つ一つ動かすことができるようになっています。顔のシートにパーツを一つずつ配置して絵をかくことで, 眉, 目, 口に加えて鼻もかくことができるようになると考えました。

【顔のパーツごとに分かれたカード】

使い方

①　紙に輪郭をかいた後, 顔のパーツに分かれたカードを, 顔の輪郭の中に当てはめます。

②　その後, 当てはめた部分の顔のパーツを紙にかきます。

自分でできたよ！

生徒Aは, 全芯色鉛筆を手に持ち, 画用紙に顔の輪郭をかきました。次に, 顔のシートに一つの目を置き, 画用紙の顔の輪郭の中に目をかきました。続いて, もう一つの目を顔のシートに置いて, 同じように目をかきました。次に, 顔のシートに口を置き, 画用紙の輪郭の中に口をかきました。そして, 同じように眉もかき終えた生徒Aは, 残った鼻のパーツを手に取って, 顔のシートに置きました。その後, 顔のシートと画用紙を何度も交互に見た生徒Aは, 「鼻。」と言いました。最後に, 生徒Aは, 画用紙の顔の輪郭の中に鼻をかき, 教師に「できました。」と言いました。教師が「すべての顔のパーツをかくことができましたね。」と言うと, 生徒Aは, 笑顔になりました。

作成のポイント

材料···顔のパーツごとに分かれたカード, 顔の輪郭がかかれたシート, ラミネート, 面ファスナー

 顔の輪郭がかかれたイラストを用意します。顔の輪郭がかかれたイラストをラミネート加工して切り取ります。

 顔のパーツがかかれたイラストをラミネート加工して切り取ります。顔のパーツごとのカードを面ファスナーで台紙にまとめて貼ります。

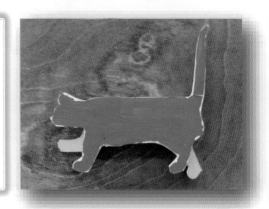

手前と奥を区別して
絵をかくことができる
ネコの模型

この子らしさ

○　動物や乗り物の模型で遊ぶことを好みます。

○　具体物を操作することで, 前後の位置関係を理解しやすくなります。

○　色の明暗, 濃淡の違いを認識できます。

○　見本の絵を見て動物をかくとき, 同じ向き, 同じ本数の足をかくことができます。

この子らしさを活かす工夫

　横向きになっていて, 奥側にある右足が手前の左足と異なる色で着色されています。右足が可動式になっていることで, 手に取って動かしたくなり, 右足と左足の位置関係をとらえ, 手前側と奥側を区別して絵をかくことができるようになると考えました。

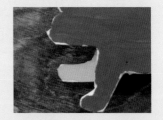

【可動式になっている右前足】

使い方

①　絵をかく前に右前足を動かして, かきたい角度に調節します。

②　模型を手元に置き, かいている間いつでも見たり, 触ったりして位置関係をとらえられるようにしておきます。

自分でできたよ！

　教師が「今日は，絵本に載っているネコの絵をかいてみましょう。」と言うと，生徒Aは，画用紙と鉛筆を机の中から取り出しました。次に，教師が右足が可動式になっているネコの模型を机の上に置くと，生徒Aは，模型をじっと見つめた後，可動部の足を動かして位置を調整し，模型を紙の左横に置いてネコの絵をかき始めました。生徒Aは，頭から輪郭をかき始め，左足を含めた体全体をかいた後，もう一度ネコの模型を手に取り，左足と右足を見比べました。その後，生徒Aは，模型を紙の左横に置き，右足を左足の付け根から付け加えてかきました。教師が「Aさん，左足と右足の位置を区別してかくことができましたね。」と言うと，生徒Aは，「はい。」と言って，笑顔になりました。

作成のポイント

材料・・・スチレンボード，絵の具，画鋲

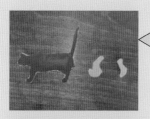
　ネコの手前側と奥側の足が色でわかるように，ネコの形に切り抜いたスチレンボードの左足と胴体部分と右足部分に絵の具で違う色を塗ります。

　右足部分を動かして足の位置を確認できるように，画鋲で右足のパーツを胴体に固定し，可動式にします。

背中を丸めて, スムーズに
　　前転がりができるベルト

この子らしさ

○　教師の補助を受けて, 前転がりを行うことができます。

○　知っている人物やキャラクターの写真を見ることを好みます。

○　複数のものから, 自分が好きなものを選択することができます。

○　橙色の目印が貼られたものに注目することができます。

○　面ファスナーが付いたものを貼ったり, 外したりすることができます。

この子らしさを活かす工夫

　腰に巻くベルトの中央に面ファスナーを取り付けてあります。児童Aが複数の写真カードから好きなものを貼り, その周りを橙色の布ガムテープで囲んでおくことで, へそ付近に注目しようと背中を丸め, 教師の補助なく, 自ら前転がりを行うことができるように考えました。

使い方

①　ベルトを腰に巻き付けます。

②　橙色の布ガムテープで囲まれた四角の中に, 好きな写真カードを貼り, 前転がりを行います。

自分でできたよ！

　マットの上で前転がりに取り組もうとしていた児童Aは, 近くに置いてあったベルトに手を伸ばし, 自ら腰に装着しました。その後, 児童Aは, 箱から複数のカードを床に広げた後,「これがいい。」と言い, 好きなキャラクターの写真カードを選択し, 腹部にある橙色の四角の中に貼り付けました。その後, 児童Aは, マットの上に両手を着いた後, 腹部にある写真カードに注目しました。カードに注目したことで顎が引かれ, 背中が丸まった状態になった児童Aは, 足で床を蹴り, 自分一人で前転がりを行うことができました。教師が「Aさん, 自分で前転がりを行うことができましたね。」と言うと, 児童Aは,「やったあ。」と言って, にっこりしました。

作成のポイント

材料・・・腰用サポートベルト, 布ガムテープ(橙色), 面ファスナー,
　　　　　写真カード

　写真カードより一回り大きな枠になるように, 目立つ色の布ガムテープで囲んでおきます。

　児童Aが好む写真カードを自由に貼り変えられるよう, ベルトには面ファスナーを取り付けておきます。

~こんな工夫もできるよ~
　前転がりだけでなく, 様々な回転技でもベルトを活用することができそうだね。また, マット運動だけでなく, 鉄棒運動でも使えそうだね。ぜひ, 試してみてね。

自分の守備範囲を
把握することができる
作戦ボード

この子らしさ

○　掃除の手順表で4等分された教室のイラストを見て，手順の通りに対応する範囲を掃除することができます。

○　色の認識があります。

○　ドットシールを複数枚貼るとき，ドットシールが重ならないようにして貼ることができます。

この子らしさを活かす工夫

　コートの大きさに合わせて，自分や仲間の位置，守備範囲を顔写真と色の付いたプレートで視覚的に示します。ボード内にある顔写真付きのマグネットを操作し，守備範囲を表す色の付いたプレートを置くことで，どこまでの範囲を守ればいいのか，視覚的に把握することができると考えました。

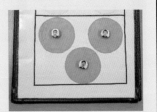

【守備範囲がわかるプレート】

使い方

　ゲームについて仲間と話し合う場面で，作戦ボード内にある顔写真の付いたマグネットを動かして使用します。

自分でできたよ！

　教師が「今日も3対3のバレーをしますよ。」と言うと, 生徒Aは, 作戦ボードを取り出し, チームの友達と前回の試合について話し始めました。続けて, 作戦ボード上のマグネットを動かして, それぞれの守備範囲が重ならないマグネットの置き方を見つけた生徒Aは, 「ぼくは,
ここまで守ればいいんだ。」とつぶやき, 自分の守備範囲を確認しました。試合が始まり, 相手のサーブが自分の守備範囲のコートに入ってきたとき, 生徒Aは, すばやくボールの落下点に入り, 体勢を低くしてレシーブすることができました。チームの友達から, 「Aさん, ナイスレシーブ。次も, その場所は任せたよ。」と声をかけられた生徒Aは, 笑顔になって, 「任せてね。」と言いました。

作成のポイント

材料・・・PP プレート, ホワイトボード, マグネット,
　　　　ホワイトボード用ラインテープ, チーム全員の顔写真

コートのラインがわかるように, ホワイトボードにコートの縮尺でラインテープを引きます。

PPプレートをコートの横幅 2/5 程度, 縦幅 3/5 程度の直径の大きさの円に切り, マグネット大に切った顔写真を貼ります。

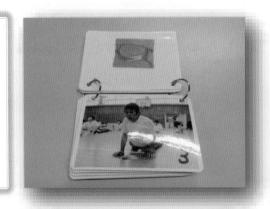

自分で組み立て体操の技に取り組むことができるカード

この子らしさ

○　手本に注目し, 同じように書いたりつくったりしようとします。

○　手順を一つずつ確認し, 一つの活動が終わった後で次の手順を確認することで, 活動内容を理解することができます。

○　自分が写っている写真を見ることを好みます。

○　カレンダーやカードをめくることを好みます。

この子らしさを活かす工夫

　組み立て体操の立ち位置を示す順番カードと, その位置で取り組む技をしている本人に印を付けた写真カードを, リングに留め, 1枚ずつ自分でめくって見ることで, 自分で立ち位置に移動し, 技に取り組めるように考えました。

【カードリングに留める写真】

使い方

①　組み立て体操の各技の立ち位置に置いてある順番カードをめくります。

②　写真を見て, 技に取り組みます。

自分でできたよ！

　運動会本番, 地面に置かれたカード[①]の位置に移動した生徒A  は, カードをめくって技の写真を見た後, 膝をついて写真と同じ姿勢になりました。見た技の写真と同じ姿勢になることを繰り返し, 最後のカードの[②にいく。]を見た生徒Aは, [②]のカードがある立ち位置に自ら移動しました。[②]の位置でも, 同じように組み立て体操に取り組んだ生徒Aは, 最後の[③]の立ち位置に自ら移動し, 演技を進めました。すべての技を終え, すぐ後ろにいた教師に順番カードを見せて「お（おわり）。」と言った生徒Aは, 教師の「自分で最後までできましたね。」と言うのを聞いて, 「はい。」と言い, 笑顔になりました。

作成のポイント

材料・・・本人が技に取り組んでいる写真, 厚紙, カードリング,
　　　　おもりとなる金具, おもりを止める布ガムテープ

持ち運びしやすいよう, A6サイズで作成します。手順を一つずつめくって見ることができるように, 技ごとにカードをつくり, カードリングで留めます。

写真に複数の人が写っている場合や, 顔が下を向いている場合は, 自分だとわかるように, 本人の写っている部分を丸で囲みます。

ピザの具材を
全体に広げて載せる
ことができる見本

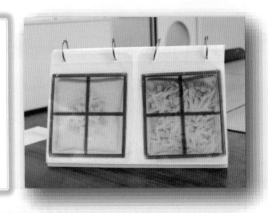

この子らしさ

○　二つのおわんに盛られたご飯の量を比較し，多い少ないがわかります。
○　操作性のある活動を取り入れることで，操作しているものに注目しやすくなります。
○　塗り絵で塗っていない部分に気づき，その部分を塗りつぶすことができます。
○　机の上を布巾で拭くとき，机の上を布ガムテープで，四つの区画に分けておくと，すべての枠の中を拭くことができます。

この子らしさを活かす工夫

　スチレンボードに，具材を一部に載せた食パンの写真と全体に広げて載せた写真を横並びに貼ってあります。四つに区切った枠を，その写真に自分で重ねることで，比較する場所が枠の中に焦点化され，具材が少ない場所に気づいた生徒Aが，具材を全体に広げて載せることができるように考えました。

【食パンを四等分する枠】

使い方

① 食パンの写真に自分で枠を重ねます。
② 枠の中で左右の具材の載り方を比較します。

自分でできたよ！

　ピザトースト作りの調理実習で, 具材を載せる担当の生徒Aは, 机上に置かれた見本となる2枚の食パンの写真を見た後, ボードの後ろにある四つに区切られたそれぞれのパンの大きさに合った枠を重ねました。枠が重なった食パンの写真  を見た生徒Aは,「こっちの方が, おいしそう。」と具材が全体に広がった写真を指差して言いました。教師が「どうしてですか。」と聞くと, 生徒Aは, 写真の右上の部分を指差し,「ここにも具が載っているからです。」と答えました。食パンをお皿に置いた生徒Aは, 具材を一つかみ取ると食パンの右上に載せ, 手で広げました。もう一度具材を取った生徒Aは, 食パンの右下, 左下, 左上に具材を載せ, それぞれ広げました。教師が「具材を食パン全体に広げることができましたね。おいしそうです。」が言うと, 生徒Aは,「うん。おいしそう。」と言って, 笑顔になりました。

作成のポイント

材料・・・カードリング（4個）, スチレンボード, ラミネートフィルム, 写真2枚

　机の上に立てられるように, スチレンボードを三角柱に組み立て, 具材が真ん中に載った食パンの写真と全体に広がった写真を貼ります。

　食パンを4等分する枠をラミネートフィルムで作り, カードリングに通すことで, 写真に重ねることができるようにします。

すべての面にしわなく
アイロンをかけることができる
手順カード

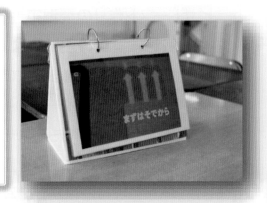

この子らしさ

○　活動内容が一つずつ示されると，その活動に最後まで取り組むことができます。

○　写真やイラストなど，視覚的な内容があると，活動内容の理解が深まり，自分で作業を行うことができます。

○　日めくりカレンダーを1枚ずつめくることができます。

○　矢印に沿ってものを動かすことができます。

この子らしさを活かす工夫

　手順ごとにつくった写真や矢印で示したカードがリングで綴じてあります。1枚ずつめくって内容を一つずつ確認して進められるようにすることで，一人でアイロンがかけられるように考えました。

【写真や矢印で示した手順カード】

使い方

①　手順カードの矢印に合わせてアイロンをかけます。

②　一つの手順が終わったら，カードをめくり，次の手順を確認します。

自分でできたよ！

　作業学習の時間，自分の席に座った生徒Aは，手順カードに手を伸ばし，自分の目の前に置きました。手順カードの1枚目を見た生徒Aは，「まずはそでから。」と一文字ずつ指を差して読み，矢印の向きに下から上へなぞりました。アイロンを手に取った生徒Aは，左袖の下に

アイロンを当て，上に向けて動かしました。左の袖全体にアイロンをかけた後，手順カードをめくり，次の右袖のカードを見た生徒Aは，同様に写真の矢印を指でなぞり，アイロンをかけました。手順カードをめくり最後のシートを確認した生徒Aは，教師の顔を見て，「できました。」と報告しました。教師が「すべて，しわなくアイロンがかけられましたね。すばらしいです。」と言うと，生徒Aは，「はい。」と言って笑顔になりました。

作成のポイント

材料・・・カードリング2個，スチレンボード，手順が書かれた写真

　一つの手順を写真や矢印で示した手順カードを，ラミネートフィルムでラミネートし，リングを通す穴を空けておきます。

　スチレンボードを3枚組み合わせ，三角形の台座をつくることで，作業中も手順カードを確認できるようにします。

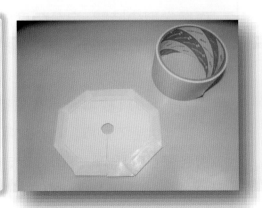

根元に向けて
　　水をかけることができる
　　　　　　　　シート

この子らしさ

○　輪投げや的当てゲームをすることが得意です。

○　イルミネーションなどの色が変化するものを見ることが好きです。

○　色が変わったことで，活動の終わりがわかります。

○　パーソナルカラー（黄色）で示されたものがあると，より注目しやすくなります。

この子らしさを活かす工夫

　水に濡れると色が変化していくシートを，野菜の根元の茎に差し込みます。根元近くのシートに水がかかり，変色することで，ねらって水をかけたくなるように考えました。また，シートに黄色の布ガムテープを巻くことで，より注目しやすくなり，根元に向けて水をかけることができるようになると考えました。

【野菜の根元に置いたシート】

使い方

①　シートの切り込みを開き，植物の根元の茎に差し込む。

②　植物を傷めないように切り込みの位置を調節する。

自分でできたよ！

　水の入ったじょうろを持った生徒A は, 野菜の植えられたプランターに近づくと, じょうろの水を野菜の葉に向けてかけました。根元に置かれたシートに水が少しかかり, 色が変わるのを見た生徒Aは, 腰をかがめてシートを見ました。斑状に色が変わったシートを見た生徒Aは, じょうろの口を野菜の根元シートまで近づけると, シートをねらって水をかけました。シートが徐々に変色し, 全体の色が変わるのを見た生徒Aは, 教師を見て「できた。」と言いました。教師が「根元にしっかり水をあげられましたね。」と言うと, 生徒Aは, 笑顔になった後, じょうろを元の場所に片付けました。

作成のポイント

材料・・・水をかけると色が変わるシート（乾くと繰り返し使えるもの）, 布ガムテープ

　中心まで切り込みを入れ, 野菜の茎が入るように中央部分を丸く切り取ります。

　シートに目を向けやすくするために, その子の好きな色の布ガムテープで周りを囲みます。

何度も繰り返し
取り組むことができる
手順カード

この子らしさ

○　手本が1枚ずつ写真で示されると，手本と自分の活動を繰り返し見比べて取り組むことができます。

○　日めくりカレンダーをめくることが好きです。

○　活動内容が明確だと，一連の作業を繰り返すことができます。

○　操作性のある活動を取り入れることで，操作物に注目できます。

この子らしさを活かす工夫

　作業工程を写真撮影したものを 1 枚ずつカードにし，最後のカードを回転させてめくると，再び最初のカードが示されるようにつるしてあります。カードをめくり，作業工程を確認し，一連の作業を終えた生徒Aが，最初のカードを再び目にすることで，繰り返し作業に取り組めるように考えました。

【つり下げ型手順カード】

使い方

　写真で示された工程が終わったら，自分でカードを1枚めくり，次の作業工程を確認します。

自分でできたよ！

　教師が「ハンカチにアイロンをかけますよ。」と言うと, 生徒Aは, 最初のカードをじっと見た後, 籠からハンカチを取り出し, アイロン台に広げました。カードを1枚めくって次の写真を見た生徒Aは, 広げたハンカチにアイロンがけをしました。その後も, カードを1枚ずつめくって次の写真を見た後, ハンカチをたたんだり, ア

イロンをかけたりすることを繰り返した生徒Aは, 1枚目のハンカチのアイロンがけを終えると, 最後のカードをめくりました。教師が「作業が進んでいますね。」と言うと, 生徒Aは笑顔になりました。再び, 1番前にきた最初のカードを見た生徒Aは, 2枚目のハンカチを広げると, カードをめくって次の写真を見た後, アイロンがけを始めました。

作成のポイント

材料・・・折りたたみ式ブックスタンド, カードリング2個, 手順カード,
　　　　ラミネートフィルム, 布ガムテープ

作業工程ごとに撮影した写真を, カード1枚につき一つ貼り付けた手順カードをつくります。

折りたたみ式ブックスタンドの上辺を合わせて, 布ガムテープで留め, 手順カードを作業工程順にカードリングに通し, ブックスタンドにつるします。

～こんな工夫もできるよ～
　作業工程の内容が変わっても, 手順カードを付け替えることができるよ。その場で繰り返し行うとよい様々な活動に活用することができるね。

おわりに

　次年度の勤務校が愛知教育大学附属特別支援学校とわかった平成２９年３月。特別支援教育に携わった経験があまりなかった私は，とにかく何かしなくてはと思い，本屋で買った１冊の本を頼りに，いくつかの支援ツールをつくりました。４月，朝の着替えをスムーズに行うための支援ツールを用意していた私は，意気揚々と生徒に提示しました。支援ツールをちらっと見た生徒は，その後更衣室の中を歩き回っていました。結局，繰り返す口頭指示と私の手伝いでなんとか着替えを終えました。用意した支援ツールは，役割をまったく果たしませんでした。何の支援にもなっていなかったことを反省しました。

　本校では開校以来，「一人一人を生かすために」という教育理念の基に，子どもたち一人一人がその可能性を十分に発揮し，豊かな生活を送ることができることを願って教育活動に取り組んでいます。日々の生活の中でその子のできることやわかっていること，興味，関心のあるものなどをつぶさにとらえ，支援に取り入れることで，子どもたちは自らわかって活動に向かう姿を何度も見せます。このような姿は，自立した豊かな生活への第一歩となると考えています。

　本書が特別な支援を必要とする子どもたちの健やかな成長を願う多くの方々のお役に立てばと願っています。

令和５年１１月
愛知教育大学附属特別支援学校
教　頭　　川　合　陽　介

執筆同人

校　　長　鈴木 則明
教　　頭　川合 陽介
主幹教諭　鈴木 哲也
教　　諭
青木 将司
綾部 智也
稲吉 一志
岡崎 洋平
小笠原 一高
神谷 貴俊
好田 元希
近藤 織江
柴田 和哉
髙木 聡子
田尻 智久
林 麻梨子
藪田 ちひろ
和田 聖依子

朝倉 拓大
安藤 淳磨
鵜飼 雅聡
岡村 裕志
加藤 英也
北林 心哲
後藤 佑考
齋藤 恭聡
白井 純昭
滝澤 也
田中 依
星野 彦
山本 一

前教頭　富安 洋介
前教諭
市川 和世
北川 瑠菜
鈴木 祥之
半野 翔子

小田 智之
小出 実奈
竹内 圭佑
柳澤 拓也

監修者（第1章執筆）

小倉　靖範

1974年北海道生まれ。愛知教育大学教育学部准教授　兼任　愛知教育大学インクルーシブ教育推進センター長。北海道教育大学大学院（教育学）・筑波大学大学院（特別支援教育学）修了。北海道公立特別支援学校・筑波大学附属久里浜特別支援学校を経て現職。主な論文に、「自立活動との関連を明確にした教科指導－認知特性に焦点をあてた国語科の授業づくり－」（肢体不自由教育，197号，28-33，2010：平成23年度金賞受賞）など。

編著者

愛知教育大学附属特別支援学校

〒444-0072 愛知県岡崎市六供町八貫15番地

T E L　（0564）21-7300（代）　　　F A X　（0564）22-8723

E-mail　fuyou@m.auecc.aichi-edu.ac.jp

U R L　https://www.fuyou.aichi-edu.ac.jp

主な著書

ぼくひとりでできるよ（1969）	明治図書
学習意欲と能力差（1970）	明治図書
言語表現と体力の指導（1973）	明治図書
感覚をたいせつにする指導（1977）	明治図書
学習の動機づけ（1981）	明治図書
発達課題の指導（1984）	明治図書
特性を生かす授業（1987）	明治図書
授業を創る（1990）	明治図書
学び続ける授業（1994）	明治図書
みずから動きだす子ども（1997）	明治図書
「思い」を育む子どもたち（2001）	明治図書
生活をひろげる子（2005）	明治図書
ともに拓く特別支援教育（2007）	愛知教育大学出版会
支援をつなぐ特別支援教育（2008）	愛知教育大学出版会
これでわかる特別支援教育（2009）	愛知教育大学出版会
「この子らしさ」を発揮する子ども（2009）	明治図書
特別支援教育に役立つあそびの工夫（2010）	愛知教育大学出版会
子どもたちのよさをとらえた特別支援教育（2011）	愛知教育大学出版会
この子らしさを活かす支援ツール（2012）	ジアース教育新社
この子らしさを活かす支援ツール2（2013）	ジアース教育新社
夢中になる子どもたち（2019）	明治図書

この子らしさを活かす支援ツール 3

2023 年 11 月 10 日　第 1 版第 1 刷発行

監　修　小倉　靖範
編　著　愛知教育大学附属特別支援学校
発行者　加藤　勝博
発行所　株式会社ジアース教育新社
　　　　〒101-0054　東京都千代田区神田錦町 1-23　宗保第2ビル5F
　　　　Tel. 03-5282-7183　　Fax. 03-5282-7892
　　　　E-mail:info@kyoikushinsha.co.jp
　　　　URL:https://www.kyoikushinsha.co.jp

表紙デザイン　土屋図形株式会社
製本・印刷　シナノ印刷株式会社